C'EST LA FAUTE À CAREY PRICE

Catalogage avant publication de Bibliothèque et Archives nationales du Québec et Bibliothèque et Archives Canada

Gélinas, Luc, 1965-

C'est la faute à Carey Price

Suite de : C'est la faute à Mario Lemieux.
Pour les jeunes.

ISBN 978-2-89723-237-5

I. Titre.

PS8613.E453C43 2013 jC843'.6 C2013-941245-X
PS9613.E453C43 2013

Les Éditions Hurtubise bénéficient du soutien financier des institutions suivantes pour leurs activités d'édition :

– Conseil des Arts du Canada ;
– Gouvernement du Canada par l'entremise du Fonds du livre du Canada (FLC) ;
– Société de développement des entreprises culturelles du Québec (SODEC) ;
– Gouvernement du Québec par l'entremise du programme de crédit d'impôt pour l'édition de livres.

Maquette de la couverture : René St-Amand
Illustration de la couverture : Kinos
Maquette intérieure et mise en pages : Martel en-tête
Photographie de la page couverture : Georges Bastien

ISBN 978-2-89723-237-5 (version imprimée)
ISBN 978-2-89723-238-2 (version numérique PDF)
ISBN 978-2-89723-239-9 (version numérique ePub)

Dépôt légal : 4e trimestre 2013

Bibliothèque et Archives nationales du Québec
Bibliothèque et Archives Canada

Diffusion-distribution au Canada :
Distribution HMH
1815, avenue De Lorimier
Montréal (Québec) H2K 3W6
www.distributionhmh.com

Diffusion-distribution en Europe :
Librairie du Québec/DNM
30, rue Gay-Lussac
75005 Paris FRANCE
www.librairieduquebec.fr

Imprimé au Canada

www.editionshurtubise.com

Luc Gélinas

C'EST LA FAUTE À CAREY PRICE

Hurtubise

Journaliste sportif bien connu, **Luc Gélinas** travaille pour RDS depuis plus de vingt ans. Il est l'auteur des deux tomes de *La LNH, un rêve possible,* qui retrace les parcours dans le hockey mineur de quatorze joueurs professionnels. *C'est la faute à Carey Price* est la suite des best-sellers *C'est la faute à Ovechkin* et *C'est la faute à Mario Lemieux.* Une série enlevante qui se déroule dans les coulisses de la LHJMQ.

À ma fille Pénélope que j'aime et qui remplit ma vie d'immenses moments de bonheur depuis 1999.

1

Retour aux sources

Félix court comme un automate sur le vieux tapis roulant du centre de conditionnement physique de Louiseville depuis vingt bonnes minutes. Comme le petit hamster de sa sœur Véronique qui croit stupidement avancer dans sa roue, il met un pied devant l'autre, sans se poser de questions, tout en fixant du regard le téléviseur accroché au mur à l'autre bout de la pièce. Le bulletin de nouvelles sportives y défile en silence alors que les haut-parleurs crachent une musique techno qui se mélange aux bruits des appareils et des voix des athlètes… ou pseudo-athlètes. Car la plupart des gens qui s'entraînent au centre de conditionnement physique Chez Mario ne pourraient probablement pas courir dix kilomètres!

Déjà un mois que ça dure. Félix a l'impression de toujours revoir les mêmes infos, d'entendre toujours la même musique, de rencontrer toujours les mêmes personnes.

Il sait pertinemment que la saison qui débutera dans quelques semaines sera déterminante pour sa carrière. Pourtant, il n'a pas retrouvé l'entrain de l'été dernier. Il court parce qu'il doit courir et qu'il n'a rien d'autre à faire de toute façon. Il soulève des poids parce que c'est indiqué dans son programme d'entraînement. Il se nourrit bien parce que c'est ce qu'il faut faire. Il se couche tôt parce qu'il faut recommencer le lendemain. Et bien sûr, une fois au gym Chez Mario, il reverra les mêmes infos, entendra la même musique et rencontrera encore les mêmes personnes.

Malgré ce manque de motivation, Félix n'a pas dévié de sa rigoureuse routine. Dès son retour à Louiseville, il a entamé son programme d'entraînement estival afin de revenir à Rouyn-Noranda plus fort, plus puissant et plus lourd. À la fin de cette longue et éprouvante saison, avant de quitter l'Abitibi, il avait gagné un pouce et demi ; malheureusement, il pesait deux livres de moins qu'au moment où les Huskies l'avaient repêché, un an plus tôt. À cent quarante-cinq livres, il était le poids plume de l'équipe et l'un des joueurs les plus légers de toute la LHJMQ. À Kitchener, les quelques dépisteurs qui l'avaient abordé lors du tournoi de la Coupe Memorial lui avaient d'ailleurs tous parlé de son poids en insistant sur l'importance d'augmenter sa masse musculaire dans la prochaine année.

Félix était déjà bien conscient de tout ça. Si ça avait été un handicap pour le repêchage chez les juniors, il savait trop bien que ça effraierait la plupart des équipes de la LNH. Alors, chaque jour, Félix répète invariablement le même programme. L'effort est constant, par contre la fougue de l'été précédent n'est plus au rendez-vous. Il y a un an, il se défonçait pour essayer de déjouer les pronostics et se tailler un poste dans la LHJMQ. Aujourd'hui, sa place est assurée et il est assez lucide pour comprendre qu'en juin prochain, il est probable qu'aucune équipe de la Ligue nationale n'ose réclamer un joueur de son gabarit.

Ce n'est toutefois pas le seul facteur qui explique ce profond manque d'enthousiasme. Et curieusement, personne ne s'est rendu compte qu'il n'a pas le moral au plus haut. Il est parti depuis tellement longtemps que les gens s'imaginent peut-être que c'est normal qu'il ait beaucoup changé depuis l'automne dernier. La plupart des individus qui le connaissent ont sûrement remarqué qu'il semble plus fermé. Ils se disent possiblement que c'est parce qu'il a gagné en maturité avec cette saison de hockey passée loin de la maison. Mais si ce n'était que ça... Chaque fois que Félix se retrouve seul, les mêmes pensées lui reviennent constamment à l'esprit. Il revoit son tir qui frappe la barre horizontale en finale de la

Coupe Memorial, il pense à ses coéquipiers qui ne reviendront pas avec les Huskies, il songe à cette foutue balance qui demeure figée à cent quarante-cinq livres et il se dit surtout que c'est extrêmement moche de se rendre Chez Mario en solitaire. Quand il réfléchit à tout ça, Félix se demande même si sa vraie vie est encore à Louiseville.

C'est étrange, quand il était en Abitibi, il mourait d'envie de rentrer dans son patelin et maintenant qu'il y est, il rêve de retourner à Rouyn-Noranda. C'est qu'à Louiseville, Félix a l'impression que les journées fades se succèdent alors que la vie avec les Huskies est constamment remplie de défis trépidants, de surprises, de controverses et de bouleversements. Dans l'exaltant parcours qui l'a mené jusqu'à la finale de la Coupe Memorial, il a éprouvé d'intenses émotions que bien des gens n'auront jamais la chance de vivre avant leur mort. Pendant cette aventure, il a carburé à l'adrénaline, et depuis un mois, il ne trouve absolument rien de stimulant dans son quotidien.

En plus de tout cela, il a perdu son partenaire d'entraînement puisque Carl s'est déniché un emploi dans une quincaillerie. Depuis la fin de l'école, son meilleur ami travaille le jour et fait la fête presque tous les soirs. Heureusement, ils réussissent à jouer au golf ensemble au moins une fois par semaine!

Le pointage final de sa partie de golf ainsi que le titre du film qu'Emma voudra aller voir sont à peu près les seules données qui varient chaque semaine. Pour le reste, c'est toujours la même routine ennuyeuse... presque toujours, car il y aura enfin un peu d'action cette semaine. Hier, après une longue conversation au téléphone, sa mère a saisi un crayon-feutre et a lentement encerclé en rouge la date du samedi douze juillet sur le petit calendrier accroché au réfrigérateur.

— Es-tu content, Félix? C'est réglé, en fin de semaine, on va s'asseoir avec Christian Champagne et il va nous expliquer en quoi il pourrait nous aider, dit Line en souriant. D'après nos conversations au téléphone, c'est un homme qui semble travailler pour le bien de ses clients et je pense que ça pourrait connecter avec nous.

— J'suis content, mom, mais t'avais pas le choix. Je vais avoir dix-huit ans en février prochain et je m'en serais trouvé un tout seul, un agent.

— Voyons... qu'est-ce qui se passe? T'es ben bête!

— J'suis pas bête. Ça fait deux ans que je te répète que ça me prend absolument un agent, pis toi, tu t'en fous. C'est comme ça que ça marche. Rendu junior majeur, c'est pas la mère qui va voir le coach ou le DG quand y a quelque chose qui fonctionne pas. Tu le sais, en plus, pis tu t'en fous quand même.

— Ta mère s'en mêlera plus, de tes affaires, réplique prestement Line en levant le ton. Champagne va venir à Louiseville samedi. Comme t'es pas encore majeur, je vais signer les papiers, pis après ça tu t'arrangeras avec lui. Ta mère va s'éclipser. À partir de dimanche matin, parle-moi plus de tes histoires de hockey.

— Pas rapport, mom... Excuse-moi, je voulais pas te frustrer. T'es la meilleure mère du monde. L'an passé, quand t'as parlé à Richard Caisse, à Drummond, t'as fait ça mieux que n'importe quel agent, explique Félix en pesant bien ses mots, cette fois. Mais là, je suis rendu à une autre étape et ça peut pas marcher sans agent. En plus, on signe rien samedi. Je vais certainement pas prendre le premier agent qu'on rencontre. Je veux jaser avec tous ceux qui veulent me représenter. Champagne, y a l'air bon, pis les gars qui sont avec lui m'en parlent en bien, sauf qu'il a juste une vingtaine de joueurs dans son écurie, dont seulement deux dans la Ligue nationale. Me semble que Billy Tancredi a pas mal plus de *power* quand il téléphone à un club ou qu'il rencontre des dépisteurs. Même affaire avec Pat Boone.

— C'est toi qui vas prendre la décision. À l'âge où t'es rendu, je peux seulement te donner mon opinion. Me semble que Champagne va pouvoir te consacrer beaucoup plus de temps, justement, enchaîne Line. J'ai hâte de voir, une fois une entente signée, si Tancredi ou Boone ont vraiment le temps de s'occuper de leurs petits joueurs d'âge junior.

— Inquiète-toi pas, mom ! Ils seraient ben contents de me parler et de me représenter !

Ce n'est qu'une simple rencontre informelle. Pourtant, Line est nerveuse. Au téléphone, Christian Champagne lui a dit qu'il désirait apprendre à les connaître et leur expliquer en quoi consiste son travail. Pour elle, ça signifie beaucoup plus. Ce souper au restaurant Le Pétillant, c'est en quelque sorte le premier pas vers une nouvelle étape pour son fils.

Il y a douze mois, son petit Félix devait en théorie se présenter au camp des Huskies pour revenir à la maison quelques jours plus tard et ensuite jouer une dernière saison midget AAA. Et maintenant, elle s'apprête à rencontrer un homme qui aura peut-être la lourde responsabilité de veiller sur les intérêts de son garçon. Dans son esprit, celui qui va représenter son fils devra surtout l'aider à survivre dans un monde rempli de vautours. Elle recherche quelqu'un d'honnête, de franc, de disponible et qui est à l'écoute. Quelqu'un qui saura aussi s'imposer et se montrer rigide devant un jeune homme en pleine mutation qui se révolte souvent quand on ne partage pas son opinion. Un jour Félix se montre détestable, impertinent, capricieux et arrogant, puis le lendemain, l'enfant rebelle redevient docile et conciliant. Ses amies ont beau lui dire qu'elles vivent sensiblement la même chose avec leurs adolescents, il y a quand même des jours où Line ne reconnaît plus son fils. L'année en Abitibi l'a transformé… Et pas pour le mieux, à ses yeux.

— C'est très gentil, monsieur Champagne, de vous être déplacé à Louiseville pour venir nous rencontrer, lance Line tout en serrant fermement la main de l'agent montréalais.

— C'est la moindre des choses, madame Bournival, et si on travaille ensemble un jour, j'aimerais bien m'inviter chez vous pour mieux voir et comprendre d'où vient Félix, répond l'homme en regardant le jeune hockeyeur qui prend place à ses côtés à la table qu'il a réservée, un peu à l'écart dans le coin du restaurant. Le numéro 57 des Huskies, je le connais déjà beaucoup, enchaîne Champagne. Je l'ai vu jouer au moins une douzaine de fois, mais je ne sais presque rien de Félix Riopel, le jeune homme. C'est pour ça que je veux qu'on discute aujourd'hui. Je ne prends que deux ou trois nouveaux clients par année. Je travaille pour des joueurs talentueux, mais surtout pour de bonnes personnes. J'imagine que c'est aussi ce que Félix et vous recherchez, alors c'est pour ça que j'attendais que la saison soit terminée avant de vous approcher pour qu'on se rencontre calmement, alors que tout le monde a les idées claires. Car selon moi, entre septembre et mai, c'est le temps de se concentrer uniquement sur ce qui se passe sur la patinoire.

Line n'a pas encore jeté un coup d'œil au menu que déjà elle donnerait sa bénédiction à l'homme qui se trouve devant elle. Christian Champagne continue d'expliquer sa philosophie et sa façon de travailler. Félix le bombarde de questions. Ça fait deux ans qu'il attend ce moment, il a donc eu le temps de réfléchir à tout ce qu'il voulait savoir. Comme Véronique, également invitée à ce souper, Line se contente d'écouter attentivement les réponses et les commentaires de l'agent.

Quand les steaks arrivent en grésillant sur les assiettes brûlantes, il y a déjà une heure que le groupe est à table. Félix attend toujours pour poser la seule question qui lui importe véritablement. En fait, c'est une demi-vérité. Il attend depuis beaucoup plus longtemps que ça, sauf que devant l'insistance de sa mère, il a fini par la mettre en veilleuse. Depuis sa dernière année bantam, la plupart des bons joueurs qu'il côtoie sont tous associés à un agent. Depuis l'âge de quatorze ans, une seule question lui brûle les lèvres et voici enfin venu le moment de la poser.

— Je crois que ma mère et moi, on pense pas mal comme vous. Par contre, y a une chose que vous nous avez pas expliquée. Je dois donc vous poser la question la plus importante.

— Et c'est ?...

— Pensez-vous que je vais me faire repêcher dans la Ligue nationale l'année prochaine ?

— Oui. Sinon on ne serait pas ici à jaser ensemble, répond Champagne sans hésiter.

— Parfait... Vraiment parfait ! s'exclame Félix avec un large sourire. Et si on signe ensemble, qu'est-ce que vous allez faire pour être certain que je sois repêché, et le plus haut possible ? demande-t-il ensuite.

— Rien.

— Pardon ? Comment ça, rien ? s'écrie Félix, incrédule.

— Les *kids* me posent toujours cette question-là. Si tu te fies sur moi pour jouer dans la Ligue nationale, on ne pourra pas travailler ensemble. Je peux t'encadrer, te conseiller, te donner les meilleures ressources possibles, veiller à tes intérêts et gérer des situations conflictuelles ou contractuelles, mais je ne peux pas jouer à ta place. La chose la plus importante pour les dépisteurs, c'est la manière dont tu joues et dont tu te comportes, pis ça, ça t'appartient. C'est ta job. Moi, mon boulot, c'est de faire en sorte que tu puisses te concentrer à cent pour cent sur le hockey.

— Oui... Je suis d'accord. Pourtant, il me semble que le travail de l'agent est aussi de parler avec les dépisteurs et de vendre ses clients.

— Si j'avais voulu être un vendeur, je serais vendeur. Si un gars a besoin d'un lobbyiste pour se faire repêcher, c'est que son jeu sur la glace n'est pas à la hauteur. Ces joueurs-là, je ne les prends pas comme clients. C'est une grosse business, Félix, et y a pas un club qui va choisir un *kid* simplement parce qu'un dépisteur s'est fait persuader par un agent. Si y en a qui t'ont promis des affaires, c'est pas honnête de leur part... À moins qu'ils aient réellement la prétention de pouvoir influencer des dépisteurs et ça, j'en doute pas mal.

Même s'il comprend parfaitement l'essence du propos, ce n'est guère la réponse que Félix souhaitait entendre.

La suite du repas se déroule très bien et il est clair que le courant passe entre Christian, sa mère et lui. Même sa petite sœur Véronique semble trouver l'agent fort sympathique. Sauf qu'il n'a pas réussi le test auprès du principal intéressé. Il est venu près d'un sans-faute, mais il a quand même échoué à l'ultime question. Dans l'optique de Félix, sa réponse démontre clairement qu'il ne jouit d'aucune influence dans le grand cercle fermé de la Ligue nationale de hockey. C'est un secret de polichinelle qu'il n'y a pas que le talent qui ouvre des portes chez les professionnels. Les directeurs généraux, les entraîneurs et les dépisteurs se connaissent tous et, comme dans la plupart des autres domaines, tout n'est souvent qu'une simple question de contacts. Le cas de son ex-coéquipier William Rousseau en est d'ailleurs le parfait exemple. Au retour de la Coupe Memorial, son agent Billy Tancredi a réussi à le faire inviter au camp de l'Avalanche du Colorado. Selon ce que Rousseau a raconté au party de fin d'année, Tancredi a regardé ce qu'il y avait comme profondeur à la ligne bleue de toutes les équipes de la LNH et il a jugé que le vétéran des Huskies avait de fortes chances de se tailler un poste avec les Monsters de Lake Erie, le club affilié dans la Ligue américaine. Un simple coup de fil et l'affaire était réglée. Pour Félix, c'est clair comme de l'eau de roche, Champagne a tort quand il affirme que seules les performances sur la glace comptent. Si Tancredi n'avait pas usé de son influence et de ses contacts, le capitaine adjoint des Huskies ne pourrait pas aller tenter sa chance à Denver au début du mois de septembre.

La visite de Champagne n'a pas convaincu Félix, sauf qu'au moins, il sait maintenant qu'un agent a confiance qu'il sera sélectionné lors de la prochaine séance de repêchage de la LNH.

Pour le reste, il s'ennuie royalement depuis son retour à Louiseville et, sans trop d'effort, il a réussi à berner tout le monde autour de lui. Tout en continuant de s'entraîner sans répit, il calcule secrètement les jours qui le séparent de son départ pour Rouyn-Noranda.

N'est-ce pas curieux, parfois, la façon dont une personne proche peut ressentir les émotions qu'on tente de camoufler ? Si Line, Véronique et Emma trouvent certes Félix un peu distant et songeur, Carl, pour sa part, a compris que quelque chose ne tournait pas rond chez son meilleur ami. Depuis une semaine déjà, il concocte un plan qui viendra mettre du piquant dans cet été un peu morose. Et puisque le destin fait souvent bien les choses, il pense même pouvoir faire d'une pierre deux coups.

Comme Carl possède dorénavant sa propre voiture, il a l'intention de proposer à Félix une petite virée de quelques jours dans le Parc national de la Mauricie. Pour être certain de mettre toutes les chances de son côté, il lui proposera d'inviter Emma et il profitera de l'occasion pour demander à Cynthia Clermont, la ravissante nouvelle commis de la section d'horticulture, si elle veut se joindre au groupe. Ça serait une superbe sortie de couples… En supposant que son stratagème fonctionne et que Cynthia et lui deviennent effectivement un couple lors de cette escapade en camping !

— Sérieux, *man*, avoue que tu t'en fous que j'aille en camping avec toi, lance Félix en riant.

Emma et moi, on est juste un prétexte pour que tu puisses inviter Cynthia !

— Oui… Pis je m'en cache pas ! Ça me tente, aussi, d'aller en camping dans le parc avec mon meilleur chum ! Ça ferait trop *Souvenirs de Brokeback Mountain*, deux gars et aucune fille. Donc, je me suis dit qu'on devrait inviter des *chicks*, répond Carl, visiblement très fier de sa réplique.

— Pas certain qu'Emma va dire oui… C'est pas le genre de fille qui tripe sur le camping et, en plus, ça me surprendrait que ses parents la laissent partir comme ça pour deux ou trois jours. C'est à peine si elle peut avoir la permission de découcher pour venir chez ma mère. Pis… je sais pas trop, Carl. Je peux pas vraiment prendre un congé d'entraînement à moins d'un mois du camp.

— Je le savais que tu me dirais ça ! Écoute mon plan. Dans le fond, tu vas perdre une seule journée d'entraînement. Tu vas au gym le matin, on part vers midi, on arrive au parc vers quatorze heures, à seize heures nos tentes sont montées. On passe toute la journée du lendemain, on dort là pour une deuxième nuit, pis on revient après déjeuner la journée d'après, et tu vas Chez Mario en arrivant ! En plus, tu vas en faire de l'exercice dans le parc… On va marcher dans le bois, on va se baigner, pis on va peut-être continuer de faire du sport dans nos tentes ! Parce qu'on apporte deux tentes, prend-il la peine de préciser.

— Y a juste une affaire qui marche pas avec ton fameux plan.

— Ah ouin ? C'est quoi ?

— Qu'est-ce qui te dit que la petite fleuriste de la quincaillerie va vouloir venir en camping avec toi ? Oups… monsieur Lapierre avait oublié le détail le plus important !

— Je pense que ce sera plus dur pour toi de convaincre Emma ! Occupe-toi de ta blonde, moi je m'arrange de mon bord.

— Sais-tu quoi ? C't'une maudite bonne idée. Pis si Emma peut pas venir, on ira quand même juste nous deux… Avec deux tentes !

Une semaine plus tard, tout juste avant le début des vacances de la construction, Carl et Félix quittent Louiseville en direction de Shawinigan pour trois jours de camping. C'est une expédition anodine et périlleuse à la fois en raison du manque d'expérience de ces aventuriers du dimanche dont le plus grand défi sera certes de réussir à assembler les tentes correctement.

Les deux amis partent seuls, car le plan qui paraissait impeccable n'a malheureusement pas fonctionné. Emma n'avait aucune envie de passer trois jours avec Carl et une inconnue. Pour sa part, Cynthia s'est montrée plutôt hésitante à l'idée de dormir pendant deux nuits dans la même tente que Carl. Toutefois, il est probable qu'elle vienne les rejoindre le lendemain après-midi.

Loin de la civilisation et du stress déjà bien présent dans leur vie de jeunes adultes, les deux amis se retrouvent comme à l'époque pourtant pas si lointaine de leurs belles années dans les rangs atomes ou pee-wee, alors qu'ils bavardaient sans arrêt pendant des heures. Habitué à aller à la pêche avec ses copains et à se débrouiller en forêt, Paul Lapierre a proposé à son fils d'apporter le vieux poêle à fondue pour que les deux comparses se paient un festin de roi – très facile à préparer – pour ce premier soir dans le Parc national de la Mauricie.

Après ce copieux repas, Carl et Félix s'assurent de ramasser tous les restes de nourriture et de placer tous les sacs dans le coffre de la voiture pour éviter d'attirer les ours. Ça vaut aussi pour les autres bêtes comme les renards et les ratons laveurs, sauf que c'est vraiment quand il a parlé des ours que le garde-chasse a vu dans leurs yeux qu'il venait de les convaincre de ne laisser aucune trace de leur passage !

— J'aurais aimé ça qu'Emma vienne en camping, pourtant je suis content qu'elle soit restée à Louiseville, avoue Félix en fixant le feu, sans même se retourner vers son meilleur ami.

— Pourquoi tu dis ça ? demande Carl en piquant une guimauve sur le bout de sa branche.

— Moi, l'hiver, je suis parti. Toi, l'été, tu travailles pis tu fais tes affaires. Ça fait qu'on se voit presque plus maintenant. T'es mon meilleur chum pis je suis heureux qu'on fasse quelque chose de spécial comme quand on était ti-culs, avec nos pères. Des filles, il va sûrement en défiler une couple dans ma vie, alors que toi, tu vas toujours être mon meilleur chum.

— Essaies-tu de m'expliquer que t'es sur le bord de laisser Emma ?

— C'est pas ça. Je l'aime, Emma. Mais c'est compliqué d'avoir une blonde à Louiseville quand tu vis en Abitibi. Même si ça va quand même bien nous deux, ça me surprendrait pas mal que ça dure encore tout l'hiver. On dirait qu'elle comprend pas que le hockey est de plus en plus important dans ma vie... Elle le comprend peut-être, mais elle l'accepte pas. L'an passé, elle me piquait des colères quand je prenais plus que cinq minutes pour répondre à ses textos. Je me dis que ça serait peut-être plus facile d'avoir la tête au hockey si j'avais pas toujours à lui rendre des comptes. Je suis pas certain d'avoir envie de revivre le même genre d'hiver que l'année dernière.

— T'as pas l'air à triper tant que ça, je trouve, se contente de répondre Carl, un peu surpris de cet aveu.

— Quand ça va bien, c'est cool au boutte, mais quand ça marche pas à son goût, c'est la fin du monde. Des fois, on dirait qu'elle se prend pour ma mère pis ça me fatigue.

— Ben arrête de niaiser avec la *puck*, réplique Carl avec sa franchise habituelle. Depuis que je te connais, y a jamais personne qui t'a dit quoi faire, pis là ça fait deux ans que tu te laisses bosser par Emma. En plus, son fun, c'est de te dénigrer chaque fois qu'elle est fâchée. Là, *man, it's time to move on*… Si t'es rendu là.

— Ouin, mais j'ai peur de lui faire de la peine. Emma, c'est une méchante bonne fille, pareil. On dirait juste qu'elle m'aime trop. Je pense que je vais essayer de passer l'hiver et on verra ensuite. Peut-être que ça va se placer…

— Je peux-tu te dire quelque chose qui fera peut-être pas ton affaire? ose demander Carl en traçant des cercles dans la terre avec sa branche à guimauve.

— T'es pas le genre à te gêner, d'habitude, répond Félix.

— Si t'es pour laisser Emma, assure-toi pour qu'elle ne voie pas venir le coup. Je suis certain que c'est le genre de fille qui tomberait enceinte pour pas que tu la laisses…

— Non. C'est pas ce genre-là. En plus, son père lui arracherait la tête si jamais ça arrivait… Sa mère aussi, d'ailleurs. *Anyway*, je veux pas la laisser. Je dis juste que c'est compliqué pis que je pense pas que ça va durer encore plusieurs années.

Malgré ces confidences, Félix se demande si Carl peut réellement le comprendre, lui qui n'a pas encore eu de relation stable avec une fille. Devant les bûches qui se consument lentement, les deux copains continuent de philosopher en ressassant de vieux souvenirs comme ils n'avaient pas encore eu l'occasion de le faire depuis le début de l'été. Un peu avant le couvre-feu de vingt-deux heures, comme ils le faisaient il n'y a pas si longtemps avec leurs pères, ils s'amusent à pisser dans les flammes en espérant éteindre les dernières braises sans avoir à aller chercher de l'eau !

2

Cynthia et sa cousine

La veille, en installant sa tente, Félix avait commis une erreur de recrue en ne tenant pas compte de la position du soleil lorsqu'il avait choisi son emplacement. À sept heures trente, incapable de dormir en raison de la chaleur provoquée par les rayons qui frappent sur la toile depuis l'aurore, il enfile ses espadrilles et part courir sur la route vallonnée qui serpente la forêt. S'il suffoquait sous la tente, la température extérieure est parfaite. Il avait prévu courir une vingtaine de minutes, or il ne peut s'empêcher de jogger une bonne heure.

Quand Carl se réveille enfin, Félix a déjà fini sa randonnée. Il a même eu le temps de faire des séries de redressements assis et de pompes.

— C'était le temps que tu te lèves, le gros! J'avais pas les clés de ton auto pis la bouffe est dans le coffre, lui lance Félix en guise de bonjour.

— Les nerfs, *man*, il est juste neuf heures. Devine donc ce qui m'a réveillé ? demande Carl en s'étirant.

— Sûrement pas moi. Le seul bruit que tu pourrais entendre, c'est mon estomac qui crie !

— Ben mieux que ça... C'est la belle Cynthia qui m'a réveillé ! Ben, pas Cynthia, mais le message texte qu'elle m'a envoyé. Paraît qu'il va faire trente et quelques degrés aujourd'hui, alors elle s'en vient nous rejoindre pour passer la journée dans les cascades ! Avoue que je suis *hot* !

— T'es vraiment *hot, man*, mais tu vas être encore plus *hot* si tu ouvres le coffre pour que je puisse sortir la glacière et manger mes céréales !

Trois heures plus tard, les deux copains se préparent de nouveau à manger quand une petite Coccinelle verte bifurque vers leur emplacement de camping. Elle vient se ranger doucement près du vieux tacot de Carl. C'est Cynthia. En constatant qu'elle n'est pas seule, Félix se lève avec enthousiasme, heureux de voir qu'elle a réussi à convaincre Emma de l'accompagner pour cette belle journée dans le Parc national. À sa grande surprise, c'est une étrangère qui sort de la voiture.

— Salut, les gars ! lance Cynthia avec entrain. Wow, méchant beau *spot* pour le camping. J'étais jamais venue ici. C'est super beau ! Je vous présente ma cousine Josiane. Je l'ai prise en passant. Elle reste à Trois-Rivières.

— Je te l'avais dit que c'était une belle place, répond Carl, qui s'empresse d'aller rejoindre les filles pour leur souhaiter la bienvenue. On allait se faire des hot-dogs avant d'aller se baigner dans les cascades. Avez-vous un petit creux ?

Félix a rarement vu son vieux pote aussi souriant. Pour impressionner les visiteuses, Carl prend vite le contrôle du petit poêle au propane et se charge du dîner en avalant une bière en canette pendant que les deux cousines le regardent cuisiner en riant de ses plaisanteries.

En retrait, Félix se réjouit de voir Carl aussi heureux. Et il le comprend parfaitement. Non seulement Cynthia est très jolie, mais elle est aussi enjouée et souriante. Il se dit qu'il la verrait très bien avec son meilleur ami.

Peu de temps après, une fois le ventre bien rempli, le quatuor se retrouve aux populaires cascades. À cette heure, l'endroit est déjà bondé de vacanciers qui profitent de cette journée torride pour se rafraîchir, étendus dans l'eau qui coule sur les rochers. Au travers des couples qui se bécotent, des parents qui se relaxent et des enfants qui s'amusent, le petit groupe réussit à se dénicher un coin presque paisible.

Manifestement, Carl a marqué de gros points. Son invitée est tout simplement charmée par ce paysage paradisiaque et semble séduite par celui qui a eu la brillante idée de ce séjour au nord de Shawinigan. La complicité est au rendez-vous.

Ils sont tellement bien, allongés sur les roches à jaser de tout et de rien, que personne ne parle de partir en canot ou d'aller marcher en forêt. C'est comme si les quatre jeunes se connaissaient intimement depuis des lunes.

En se prélassant au soleil, ils échangent sur leurs vies, leurs projets, leurs joies et leurs problèmes. Cynthia, qui a terminé son secondaire en Australie dans le cadre d'un programme d'échange international, vole la vedette et fait rigoler tout le monde avec ses anecdotes savoureuses ramenées de ce pays qui fait tant rêver. Plus sérieuse et un brin plus timide, Josiane se prépare à étudier en techniques policières au Collège Ahuntsic, à Montréal. Ceinture noire en karaté, elle rêve d'épingler des criminels. Tout de même lucide, elle sait pertinemment qu'après son cégep et son stage à Nicolet, elle devra inévitablement distribuer des constats d'infraction pendant quelques années avant de pouvoir faire de la filature. Carl évite de parler d'école ou de projets d'avenir, préférant aborder d'autres sujets moins sérieux, comme sa passion pour la musique. Il promet d'ailleurs aux filles de jouer de la guitare une fois de retour au campement. Félix, moins bavard, ne peut s'empêcher de penser qu'Emma a raté une superbe journée et de songer à ce que la prochaine année pourrait réserver à son couple.

— Dis donc, Cynthia, quand t'es partie pour Sidney l'an passé, ça faisait combien de temps que tu sortais avec ton chum ? demande soudainement Félix.

— Depuis deux ans, répond-elle du tac au tac. Pourquoi tu demandes ça ?

— C'est juste que j'ai trouvé ça difficile, l'an dernier, de passer l'hiver à Rouyn-Noranda alors que ma blonde était à Louiseville. Je me demande comment je vais faire pour vivre ça encore cette année.

— Je sais pas quoi te dire... Moi, j'ai laissé mon chum avant de partir voir les kangourous, explique-t-elle sans pudeur. Je voulais pas gâcher mon voyage en m'ennuyant pendant un an ou me sentir mal une fois là-bas parce qu'on aurait finalement rompu. On s'est dit qu'on se remettrait ensemble quand je reviendrais, mais finalement on a choisi de rester chacun de notre bord.

— OK... c'est bon d'avoir le point de vue d'une fille, des fois, confie-t-il. Je sais plus trop quoi faire. L'Abitibi, c'est moins exotique que l'Australie, mais quand je suis là, ça me tanne d'avoir la tête ailleurs. C'est dur à expliquer, je trouve. Si je jouais pas au hockey, je pense que ça m'énerverait moins d'avoir une blonde au loin.

— Si ça te dérange, c'est peut-être aussi parce que t'es moins en amour qu'avant, intervient Josiane.

— Ouin… y a peut-être de ça aussi, admet Félix en penchant la tête vers le sol comme s'il voulait se recueillir pour réfléchir à la situation.

Presque toutes les familles ont abandonné les cascades d'eau depuis plusieurs minutes pour retourner à leur tente et la plupart des visiteurs d'un jour sont rentrés à la maison lorsque le quatuor décide d'aller casser la croûte.

Pas très habiles en cuisine et sans expérience avec des briquettes de charbon de bois, les deux gars avaient planifié de faire du spaghetti pour ce repas, et c'est déjà toute une aventure pour les campeurs en herbe. Heureusement, le père de Carl leur a expliqué au moins quatre ou cinq fois comment allumer le petit poêle au propane et la mère de Félix leur a fourni une généreuse portion de sa succulente sauce à spaghetti. L'honneur est sauf, ils peuvent inviter les filles à souper sans risquer une catastrophe !

Ayant prévu qu'elles pourraient demeurer dans le Parc national jusqu'à la pénombre, Cynthia et Josiane rehaussent pour leur part la qualité du souper en fournissant des petits pâtés, des fromages et du pain ainsi que des pâtisseries pour le dessert. Finalement, tout le monde se régale sous le signe de la bonne humeur.

— J'ai un marché à vous proposer, les filles : Félix et moi, on va acheter du bois pour faire un feu pendant que vous rangez, suggère Carl.

Sa proposition est acceptée. En marchant sur le sentier qui mène vers le modeste dépanneur, il ne peut contenir son enthousiasme.

— Tout marche comme sur des roulettes, *man*, j'ai vraiment le feeling que ça clique avec Cynthia. Après-midi, on s'est collés souvent, pis si vous aviez pas été là, c'est clair qu'on s'embrassait.

— T'aurais pas dû te gêner ! C'est pas ton genre, d'habitude !

— Écoute, j'ai un plan, poursuit-il. À part toi, tout le monde a pris une couple de bières aux cascades. Tantôt, au feu, je vais sortir ma guitare pis on va s'arranger pour que les filles boivent les petits drinks qu'elles ont apportés. On va leur dire de ne pas conduire et elles vont rester à coucher. En plus, c'est évident que c'est ce qu'elles veulent, *man*.

— Me semble ! De un, ça me surprendrait que ça marche. De deux, demande-moi donc si j'ai le goût de dormir dans la même tente que toi !

— Hey, t'es épais rare ! On couchera jamais dans la même tente ! Cynthia va dormir dans la mienne avec moi, pis toi et Josiane dans la tienne. C'est écrit dans le ciel que c'est ce qui va arriver. Faut juste pas que tu *chokes*.

— Es-tu malade, Carl ? S'il faut absolument que tu baises à soir et que ça presse tant que ça, c'est correct. Invite Cynthia tant que tu veux, mais mêle-moi pas à tes histoires. Josiane dormira dans ma tente, pis moi, je coucherai dans ton auto. Franchement, à quoi tu penses ? continue Félix en haussant la voix. J'ai une blonde à Louiseville. En plus, tu sais très bien que je suis pas comme ça.

— Une blonde à Louiseville... Ça a pas l'air si solide que ça entre Emma et toi. Pour que t'en aies parlé aux filles sur les roches, c'est que tu voulais passer le message que t'es assez disponible.

— Pantoute ! C'est dans ta tête, ça, pis juste dans ta tête. Je suis avec Emma et je veux rien savoir de Josiane.

— Ben, d'après moi, c'est dans la tête de Josiane aussi, réplique Carl, qui n'a pas l'intention de s'arrêter là. C'était quasiment comme si on était deux couples cet après-midi.

— *Come on,* Carl, commence pas ça, s'il te plaît, répond Félix, découragé. Même si Josiane est super, moi, j'ai une blonde. Toi, t'es en amour avec Cynthia, je pense que c'est réglé. Tout est beau, t'as le droit de triper et je suis content pour toi. Ça me dérange pas que les filles couchent ici, mais insiste pas, je dors dans ton auto. Ça, c'est non négociable. Es-tu capable de respecter mon idée sans essayer de me faire passer pour un beau cave devant les filles quand je vais dire que je couche dans le char ?

— OK… je comprends. Mais en échange, vas-tu m'aider à les faire boire pour être certains qu'elles restent ?

— Ben oui, soupire Félix en hochant la tête. De toute façon, elles sont déjà dans le trouble, la règle, c'est tolérance zéro. Même si elles prennent plus rien du tout, les bières de cet après-midi sont pas encore digérées.

— C'est vrai, ça ! Maudit que t'es fort… c'est pour ça que je t'aime. Je t'aime tellement que faudrait que je t'écrive une toune !

De retour au campement avec deux sacs de bûches, les gars sont estomaqués en apercevant les flammes qui s'élèvent déjà au-dessus du petit foyer en pierre.

— Qu'est-ce que c'est que ça ? s'écrie Carl en déposant délicatement le bois à ses pieds.

— Vous étiez partis depuis tellement longtemps qu'on se demandait si vous alliez revenir avant la noirceur. On a donc imploré le monsieur d'à côté de venir nous allumer un feu, rétorque Cynthia en faisant la moue.

— Voyons ! Vous saviez bien qu'on reviendrait. C'est juste que c'est une bonne marche, se défend Carl, un peu penaud.

— Ben non, gros bêta, on a ramassé des branches sèches en vous attendant pis on a décidé de partir le feu sans vous parce qu'on commençait à être tannées de se faire bouffer par les moustiques !

explique Cynthia, visiblement fière de son coup. Qu'est-ce qu'il y a ? Tu pensais que les filles étaient pas capables de partir un feu de camp ? poursuit-elle en éclatant de rire.

— En plus d'allumer le feu, on a réglé une autre affaire pendant votre petite marche de santé, enchaîne Josiane avec un petit regard irrévérencieux. C'est pas vrai qu'on va boire du Sprite jusqu'à vingt-deux heures pis décoller pour Trois-Rivières et conduire dans le bois à la noirceur. On vient de se déboucher une boisson au rhum pis on va en prendre une ou deux autres pendant que tu vas jouer de la guitare comme tu l'as promis… On va donc dormir ici, conclut-elle sans se soucier de l'opinion des deux garçons.

— Ayoye… Faut pas vous laisser toutes seules trop longtemps, lâche Félix sur un ton mi-figue, mi-raisin.

Carl tourne les talons pour aller chercher sa guitare dans l'auto en camouflant un large sourire de satisfaction.

Les filles sont captivées par le talent de Carl, qui enchaîne les succès du groupe Kaïn avec brio, et c'est un peu la même chose pour Félix qui ne l'a pas entendu chanter depuis presque un an déjà. Même qu'il avait pratiquement oublié à quel point son copain est doué. S'il est extrêmement fort avec un bâton et une rondelle, on peut certes en dire autant de Carl avec une guitare. Ses longs doigts maigres dansent sur les cordes avec une dextérité déconcertante alors que sa voix se marie parfaitement aux accords. Sourire aux lèvres, le cœur léger, il livre la meilleure prestation de sa vie lorsqu'il fredonne *Comme dans le temps, Adam et Ève, Parle-moi d'toi, Embarque ma belle, Mexico, Le bal du vieillard, Si on se t'nait* ou *L'amour du jour*.

Tandis qu'il chante ainsi sous les étoiles devant les flammes qui vacillent, le temps file à vive allure. Vers vingt et une heures quarante-cinq, un des patrouilleurs du parc brise ce moment magique en venant rappeler au quatuor que le feu devra bientôt être éteint et que tout le monde devra garder le silence. Plutôt mal à l'aise, Félix se lève pour aller chercher un seau d'eau en se disant que Carl se chargera du délicat sujet du « qui couche où ». Josiane s'éloigne également et se rend à la voiture de sa cousine pour y prendre son sac de couchage.

Une minute plus tard, ils reviennent au feu en même temps pour y trouver Cynthia et Carl qui s'embrassent passionnément.

— Excusez-nous, mais on vous aidera pas à éteindre le feu. Nous autres, on va se coucher tout de suite, lance Cynthia en entraînant Carl.

Les tourtereaux s'engouffrent rapidement dans la tente sans rien ajouter.

Pour une rare fois, Félix, qui a habituellement la réplique très facile, cherche quelque chose à dire. Il se contente de se pencher et verse lentement le contenu de son seau sur les bûches ardentes qui se consumaient encore.

— Malaise…

— Qu'est-ce que t'as dit, Josiane?

— J'ai dit « malaise »… Pas fort, la cousine. Je suis désolée, Félix, mais ça a l'air que tu vas être obligé de me faire une petite place dans ta tente. Les deux *lovers* nous donnent pas trop le choix, on dirait, répond-elle, résignée.

— Ouais… Installe-toi dans ma tente. Je vais dormir dans l'auto de Carl, déclare Félix en pointant du menton la voiture de son copain.

— Ben non! Je sais que tu me sauteras pas dessus… On va dormir dans la tente ensemble, en amis. Même que j'aimerais vraiment mieux que tu sois près de moi plutôt que dans l'auto. On est quand même en plein milieu de la forêt, ajoute-t-elle en souriant.

Étendu dans son sac de couchage, Félix est incapable de trouver le sommeil. À quelques centimètres de lui dort paisiblement une jolie jeune femme dont il ne connaissait même pas l'existence il y a une dizaine d'heures à peine. Étonnamment, il n'en veut même pas à Carl de l'avoir placé dans cette situation inconfortable. Les yeux grands ouverts, il se questionne, comme il le fait toujours quand il se retrouve dans une situation embêtante. Et si un scénario semblable s'était malencontreusement produit avec Bianka Vachon, que se passerait-il en ce moment sous la toile ? S'il se tournait vers Josiane et commençait à l'embrasser dans le cou, comment réagirait-elle ? Lui a-t-elle lancé un message en retirant ses shorts en jean devant lui avant de se glisser dans son sac de couchage en sous-vêtements ?

Inévitablement, il songe aussi à Emma. Qu'est-ce qui est pire, finalement ? Avoir embrassé Bianka il y a quelques mois à Rouyn-Noranda ou dormir avec Josiane dans le Parc national de la Mauricie ? Et si, dans les mêmes circonstances, Emma devait faire un compromis similaire, pourrait-il se montrer compréhensif et indulgent ? Non. Sûrement pas. Alors, est-il un bon garçon ou un vilain qui joue à nouveau dans le dos de son amoureuse ? Ça fait bien une bonne demi-heure maintenant qu'il extrapole et s'interroge sur tout ça sans réellement savoir quoi penser. Son esprit tourne en rond et il y a fort à parier qu'il en sera ainsi une bonne partie de la nuit.

— Josiane… Dors-tu ? chuchote-t-il sans espérer de réponse.

— Non. Pourquoi ? répond-elle doucement en se tournant vers Félix.

Il n'est même pas midi et on suffoque déjà dans la voiture de Carl, qui roule, vitres baissées, sur les étroits chemins de campagne qui séparent Saint-Mathieu-du-Parc de Louiseville. Les deux garçons arrivent dans le charmant village de Saint-Boniface et ils ne se sont pratiquement pas adressé la parole depuis leur départ.

Contrairement à la veille, ce matin, le soleil n'a pas empêché Félix de dormir et, au moment du réveil, il était presque déjà l'heure de plier bagage. Le temps de le dire, les deux tentes étaient remisées dans leur poche respective et tout le matériel de camping était rangé. Si Cynthia affichait une mine radieuse, Josiane, Félix et Carl cachaient maladroitement un certain inconfort. L'au revoir fut plutôt bref.

Les deux copains partagent tous leurs secrets depuis les rangs atomes, or il n'en est rien aujourd'hui.

Carl est le seul et unique responsable de cette combine astucieuse, se dit Félix. Son histoire de camping était bien manigancée et il a finalement obtenu ce qu'il désirait en se foutant des dommages collatéraux qu'il pouvait provoquer. Même qu'il savait probablement dès le départ que Cynthia amènerait sa cousine avec elle. Autant il est fâché envers son copain, autant il aimerait avoir des détails sur ce qui s'est finalement passé dans la tente voisine.

Frustré, Félix préfère ne pas dire un mot et ne poser aucune question. Après tout, il aurait dû se douter dès le départ que ça se terminerait ainsi.

— T'as beau être choqué tant que tu veux, je vais dire que ça valait la peine, parce que j'ai passé la plus belle nuit de toute ma vie, lance soudainement Carl en arrivant aux limites de Saint-Barnabé.

— C'est correct, *Big*. C'était ben le fun, ces deux jours de camping, mais faut que tu me jures que Cynthia pis toi vous ne parlerez jamais de ça à Emma. Faut surtout pas qu'elle apprenne que j'ai dormi dans une tente avec une autre fille.

— Vous avez juste dormi ? interroge Carl avec un sourire en coin.

— C'est pas important. Ce qui compte, c'est qu'Emma en sache jamais rien, réplique sèchement Félix pour démontrer à son ami qu'il lui tient encore rigueur. Je l'ai fait pour toi et tu me dois bien ça. Au pire, pis vraiment au pire des pires, les filles sont restées dans le parc et nous deux, on a dormi ensemble dans ta tente.

— En cuillère ou dos à dos ?

— S'tie que t'es cave ! Je te parle sérieusement pis toi, tu niaises.

— Pis avec Josiane… As-tu dormi en cuillère ou dos à dos ? questionne Carl, tentant sa chance une seconde fois.

— Laisse faire Josiane. On arrive à Yamachiche et le sujet est clos, riposte fermement Félix.

Quelques minutes plus tard, quand les deux adolescents parviennent enfin à Louiseville, une surprise de taille attend Félix. À quelques mètres de la maison, ils aperçoivent Emma assise dans les escaliers, devant la porte d'entrée. Sans dire un mot, les deux amis se jettent un regard complice qui veut tout dire. Pendant que Félix récupère ses effets dans le coffre, Carl, sans sortir du véhicule toujours en marche, salue Emma qui ne s'est pas levée pour les accueillir.

— T'as manqué un maudit beau *trip* de camping, Emma ! T'aurais dû venir avec nous autres !

— *Fuck you,* Carl Lapierre pis tes *trips* de camping de marde.

Carl se contente de la regarder avec un hochement de tête persistant. Mais trente secondes plus tard, à l'arrêt au coin de la rue, il se range sur le côté, saisit son cellulaire en vitesse pour acheminer sans perdre de temps un message texte à son meilleur ami.

Tiens-moi au courant... Bonne chance.

Les bras pleins de bagages, Félix passe près d'Emma sans dire un seul mot. Il sait hors de tout doute qu'elle est au courant pour la visite des filles. Probablement que Cynthia a mis un message sur son mur Facebook en incluant le nom de Carl. Il n'a qu'une seule carte à jouer.

— Voyons donc, bébé, t'avais pas d'affaire à envoyer promener mon meilleur chum parce que t'as décidé par toi-même de rater deux belles journées dans le Parc national. Carl voulait pas t'écœurer quand il t'a dit que t'avais manqué un beau *trip*.

— Hey! me prends-tu pour une conne, Félix Riopel? Vous êtes pas allés dans le parc juste tous les deux. Fallait que Cynthia Clermont aille vous rejoindre avec une chum de fille pour faire une partouze, crie-t-elle en le suivant dans la maison.

— Calme-toi, bébé. C'est pas ce qui est arrivé, pis tu le sais, répond Félix en déposant ses nombreux sacs dans l'entrée.

— Me calmer! Pour qui tu me prends? C'est quoi ton problème d'arranger des vacances avec une autre fille? hurle Emma en serrant les poings. Tout le monde le sait en plus parce que la Clermont a écrit sur Facebook qu'elle allait passer une belle journée à se baigner avec une certaine Josiane, Carl, pis l'ami de Carl... Pis elle a *taggé* Carl. J'ai l'air d'une belle tarte!

— Ça fait, là, ton show, réplique prestement Félix en levant le ton à son tour. T'étais invitée, t'as décidé de pas venir pis tu savais que Cynthia viendrait voir Carl. C'est-tu ma faute si elle a amené sa cousine avec elle pour passer la journée dans les cascades? Pis c'est-tu ma faute si sa cousine est pas grosse et moche? Sacrement, penses-tu que j'ai le contrôle de l'univers?

— Pour commencer, t'avais pas d'affaire à aller en camping avec Carl, rétorque Emma en baissant un peu la voix.

— Non. Je suis très heureux d'avoir passé deux jours avec mon meilleur chum. C'est toi qui aurais dû venir, au lieu de rester à Louiseville à t'inventer des histoires. Je commence à en avoir ras le pompon. Chaque fois que les choses marchent pas à ton goût, c'est toujours pareil…

— T'as juste à pas me niaiser pis y en aura pas, de problème, Félix Riopel. Avoue que tu savais que Cynthia irait aussi avec une autre fille.

— Je viens de te dire que je le savais pas. Je te le jure, Emma, j'en avais aucune idée. Mais sais-tu quoi ? C'est cool qu'elle soit venue nous rejoindre, Cynthia, parce qu'elle est super gentille. C't'une maudite bonne fille… comme sa cousine. Pis veux-tu en savoir plus ? Vu qu'elles avaient bu, elles sont restées à coucher. Mais même si je te disais que j'ai dormi avec Carl dans sa tente, tu me croirais pas. Tu veux juste croire ce que toi, tu penses. Tu t'inventes des histoires et après, tu les prends pour la vérité. C'est pas vrai que je vais retourner passer un an à Rouyn-Noranda en passant mon temps à me demander ce que j'ai le droit de faire pis à qui j'ai le droit de parler. C'est terminé, tes crises. Ramasse ton stock dans ma chambre… on sort plus ensemble. Je suis désolé, conclut Félix en réprimant difficilement ses larmes devant une Emma stupéfaite par ce monologue ahurissant qui résonne encore dans sa tête.

— Qu'est-ce que t'as dit, Félix ? demande-t-elle, incrédule, en s'approchant doucement vers son amoureux pour solliciter un câlin. Es-tu en train de virer fou ? Ça fait deux ans qu'on sort ensemble...

— T'as bien compris, Emma, poursuit-il en refoulant péniblement un sanglot. Toi et moi, c'est fini. Je rencontrerai jamais une autre fille comme toi de toute ma vie, mais je peux pas vivre en Abitibi pis avoir une blonde qui me fait pas confiance. C'est mieux comme ça... Crie, fais ce que tu veux, c'est fini... On sort plus ensemble. Si t'aimes mieux, je peux ramasser tes affaires et tu repasseras les prendre demain.

— Pardon ? T'es sérieux, là ? Tu me laisses... Je viens de perdre deux ans de ma vie à cause de toi, p'tit maudit *loser*. Tu te penses bon avec ton hockey, mais la vérité, c'est que maintenant tu vas avoir juste ça dans la vie, ton maudit hockey... surtout que t'es tellement pourri à l'école. T'as zéro avenir, crie Emma à tue-tête en tournant les talons et en se dirigeant vers la porte.

— Au moins, il me reste quelque chose, répond Félix qui ne se retient plus pour pleurer. Tu devrais consulter ou essayer de travailler sur toi, car y a pas un gars au monde qui va pouvoir t'endurer aussi longtemps que moi. Pis ça te donne rien d'être méchante comme ça, crie-t-il à son tour alors qu'Emma commence à s'éloigner. J'aurais pu te dire que j'ai pas mal plus de chances de percer au hockey que toi dans la chanson, mais je te l'ai pas dit.

Emma ne répond rien et continue de marcher d'un pas rapide et décidé. Appuyé contre la porte de la maison, Félix ne la quitte pas des yeux, la suivant mélancoliquement du regard jusqu'à ce qu'elle change de direction au coin de la rue. Il aurait souhaité que ça se termine différemment, mais en même temps, il s'attendait à ce genre de réaction de sa part. Au moins, elle n'a rien cassé. Elle lui a même facilité le travail avec sa crise d'hystérie. Depuis son retour à Louiseville, c'était graduellement devenu son souhait de rompre. Maintenant, il peut lui faire porter l'odieux de cette séparation abrupte en accusant son caractère colérique et jaloux…

3

Célibataire et sportif exemplaire

Rompre avec Emma n'a pas été une sinécure et la tempête ne semble malheureusement pas vouloir se calmer. Félix a sorti la jeune Colombienne de sa vie comme il le souhaitait, mais, curieusement, jamais elle n'a autant habité son esprit. Même si elle lui a offert un prétexte idéal en piquant une crise de jalousie dans les heures qui ont suivi son retour à la maison, Félix s'est maintes fois demandé s'il avait pris la bonne décision.

C'est la première fois de sa vie qu'il largue une fille, et d'étranges sentiments de tristesse et de culpabilité le tourmentent. La première nuit, il a été totalement incapable de trouver le sommeil tellement les souvenirs d'Emma le hantaient. Le lendemain, les remords ont fait place à de la colère et de l'incompréhension. Après le déjeuner, avant de se rendre à son entraînement, Félix, un peu repentant, a signifié à Emma, par message texte, qu'elle était une personne spéciale et qu'il souhaitait vraiment demeurer son ami. La réponse a été rapide… et surtout très claire.

> Amis… Lol ! Va te faire voir… loser !

Ce n'était que la première salve de la jeune Latino au caractère bouillant. Depuis la séparation, Emma fulmine et tempête autant en privé que sur la place publique. Les choses se sont surtout envenimées le lendemain, quand Félix a actualisé son statut Facebook de « en couple » à « célibataire ». Carl a non seulement été le premier à aimer ce nouveau statut, il l'a en plus commenté en écorchant Emma au passage. Ce fut dès lors le début des hostilités.

> **Félix Riopel**
> Situation amoureuse : célibataire
> J'aime · Commenter · 12 commentaires · il y a 9 heures
> **Carl Lapierre**
> Pas facile, Big, mais c'est mieux comme ça… Y a pu personne qui va te dire quoi faire à part Richard Caisse !!!
> Il y a 5 heures · J'aime

Cédrick Loiselle est ensuite venu jeter de l'huile sur le feu en y mettant aussi son grain de sel, ouvrant la voie à quelques commentaires peu édifiants de la part de certains petits comiques. La situation a réellement dérapé quand Emma leur a elle-même répondu, ce qui a entraîné un échange d'insultes gratuites et puériles sur le mur de Félix. Pour calmer le jeu, le nouveau célibataire a retiré son ex-copine de sa liste d'amis, et quand Véronique, Carl et Line ont posé le même geste par solidarité, la situation a carrément empiré. Pour une fille impulsive comme Emma, cela ne signifiait rien de moins que la trahison ultime. Depuis une semaine, c'est donc la guerre. Furieuse, la jeune Colombienne se défoule en publiant des statuts plutôt mesquins à l'endroit de Félix et elle déblatère contre Carl à la moindre occasion. Dans son optique, il est le grand responsable de cette rupture puisque tout a basculé au retour du camping. Les amis Facebook de Félix l'informent de tout.

Le seul point positif, se dit Félix, c'est qu'il a cassé au bon moment. La semaine qu'il vient de passer a drainé énormément de son énergie. Il n'aurait pas fallu que ce mélodrame se produise au début du camp d'entraînement des Huskies, dans trois semaines. En plus, il profite encore d'un peu de temps pour revoir Josiane avant son départ… Fait qui, bien sûr, se rendra jusqu'aux oreilles d'Emma, laquelle héritera avec plaisir de munitions supplémentaires dans sa cabale revancharde contre

Félix Riopel et Carl Lapierre, à ses yeux, les deux plus grands salauds de Louiseville.

Si le début de l'été a été relativement ennuyeux, on ne peut pas dire que c'est l'action qui manque maintenant dans la vie de Félix. Outre l'épisode regrettable qu'il vit avec Emma, les derniers jours ont aussi été marqués par un coup de fil inattendu de Richard Caisse.

L'entraîneur-chef des Huskies ne lui a pas caché les attentes élevées qu'il y a à son endroit pour la prochaine saison. Après avoir mis le paquet pour tenter par tous les moyens de remporter la Coupe Memorial, l'équipe devrait vivre une année de transition assez laborieuse.

Repêché par les Penguins deux ans plus tôt, le capitaine Marc-Olivier Laflamme fera le saut chez les professionnels, tout comme le Russe Dmitri Kovtawsky, qui ira poursuivre sa carrière dans l'organisation des Blackhawks. Éric Boisvert fera de même avec les Flyers alors que le Tchèque Milan Isner tentera sa chance avec les Sharks.

Trois joueurs de vingt ans, qui faisaient partie du noyau de la formation, ne seront pas de retour. Le gardien Dean Perron ira au camp des Hurricanes qui l'avaient repêché en septième ronde trois ans plus tôt, l'attaquant Xavier Neveu a été invité par les Canucks et le défenseur William Rousseau a pour sa part refusé un contrat en France pour se rendre au camp de l'Avalanche du Colorado. Si Rousseau ne réussit pas à se trouver un emploi dans la East Coast League ou dans la Ligue américaine, il a l'intention de retourner aux études afin de devenir pompier comme son père.

Compensations ultérieures dans la transaction qui avait amené Kovtawsky à Rouyn-Noranda, le défenseur de dix-neuf ans Justin Bishop et l'attaquant de dix-huit ans Joey MacIntosh appartiennent maintenant aux Screaming Eagles du Cap-Breton.

Le calcul est simple. Caisse devra faire des miracles pour remplacer rien de moins que neuf éléments majeurs des Huskies tout en évitant de terminer au dernier rang de la LHJMQ.

Devant le filet, la situation ne devrait pas être trop dramatique. Francis Ouellette, qui s'est bien débrouillé dans le rôle de gardien auxiliaire, va se battre pour le poste de numéro un. En théorie, il devrait partager la besogne avec Didier Lapointe, choisi en deuxième ronde lors du repêchage de l'an passé. Le jeune gardien en sera à son deuxième camp d'entraînement avec les Huskies après avoir connu une excellente saison avec les Cantonniers de l'Estrie dans la Ligue de hockey de développement midget AAA.

L'hiver risque d'être long à la ligne bleue. Après avoir terminé la saison comme quatrième défenseur du club, Cédrick Loiselle héritera de responsabilités accrues, mais Rémi Cholette, Olivier Rozon et Allan Lavoie n'ont pas les qualités requises pour jouer un plus grand rôle que l'année dernière. Heureusement, on dit énormément de bien du choix de première ronde du dernier repêchage, un espoir local nommé Lukas Denommé, qui vient de connaître une saison du tonnerre en terminant au premier rang des marqueurs des Forestiers d'Amos. Les Huskies misent aussi sur quelques autres espoirs issus des rangs midgets AAA et juniors AAA.

Même si ce n'est pas très rose en défensive, c'est surtout à l'attaque que la situation se corse. Malgré le retour de quelques vétérans de la dernière saison, l'équipe risque de manquer de ressources. Offensivement, Félix et Dylon Vanelli ont démontré de très belles choses; malheureusement, mis à part Archambault et ces deux-là, les experts se demandent bien qui sera en mesure de mettre la rondelle dans le filet.

— T'es mieux d'arriver prêt, le *kid.* Je te le dis, à part toi, Archambault pis l'Italien, on va juste avoir des gars de quatrième trio. D'après moi, dans toute la ligue, y aura pas un autre joueur de dix-sept ans qui aura autant de responsabilités que toi, lui confie Caisse vers la fin de leur entretien téléphonique.

— On a pas deux nouveaux joueurs européens qui sont supposés être super bons? questionne Félix, un peu mal à l'aise.

— Ce sont toujours des boîtes à surprises, ces gars-là. Y en a un des deux qu'on a *drafté* sans l'avoir vu jouer. Son agent nous a envoyé un lien sur YouTube pis on a visionné cinq ou six séquences. J'ai fait trois ou quatre coups de fil et, à ce qu'on dit, ils sont censés être bons... Sauf que je me fie jamais aux qu'en-dira-t-on, avoue l'entraîneur.

— En tout cas, comptez sur moi, je vais être prêt, coach.

— J'en doute pas une seule seconde. Sinon, je t'aurais pas appelé. Je veux que tu saches que les attentes de la direction sont différentes cette année. On s'attend à beaucoup de ta part, le *kid*.

Après l'appel, un peu abasourdi par ces commentaires étonnants, Félix ne peut s'empêcher de regarder son téléphone pour vérifier le numéro affiché. C'est bel et bien son entraîneur qui vient de le contacter. Cette brève conversation lui semble irréelle. En réalité, Richard Caisse ne lui a rien appris. Depuis plus de deux mois, chaque jour, Félix pense à la saison qui s'annonce et il trace un bilan identique à celui de son entraîneur. L'année risque d'être déprimante à souhait. Pourtant, le ton de son interlocuteur l'a désarmé. En plus, le pilote des Huskies n'a eu que de bons mots à son égard, ce qui n'est absolument pas dans sa nature.

En y réfléchissant, Félix n'a pas de mal à deviner ce qui se passe. Les rôles sont inversés. À partir de maintenant, c'est Richard Caisse qui a besoin de

Félix Riopel et non plus l'inverse. Alors qu'il repense à son entretien avec l'entraîneur, Rippy se met même à rêver… Et si la direction lui octroyait le fameux C du capitaine?

Le curieux coup de fil de Richard Caisse aide Félix à remettre de l'ordre dans ses priorités. Il y a quelques jours à peine, toutes les conversations qu'il entretenait avec Carl, sa mère ou sa sœur tournaient uniquement autour d'Emma. Tel un ancien joueur de la LNH devenu commentateur à la télé, il analysait longuement toutes les paroles de son ancienne flamme, interprétait ses actions et essayait en plus de deviner ses prochaines réactions. Curieusement, même s'il avait choisi de rompre, un étrange sentiment de vague à l'âme s'emparait sournoisement de lui à tout moment. Il suffisait qu'il entende une chanson qu'Emma aimait, qu'il hume une odeur qui lui rappelait sa présence ou qu'il voie une fille qui lui ressemblait vaguement et «pouf», la nostalgie se pointait! Parfois, Emma revenait mystérieusement se frayer un chemin dans ses pensées et un goût amer de culpabilité l'envahissait.

L'appel de l'entraîneur-chef a rappelé à Félix qu'il n'a pas de temps à perdre avec son ex-copine. L'équation est facile à faire: c'est comme après un mauvais match, il faut tourner la page rapidement, apprendre de ses erreurs et avancer.

«Il est trop tard. On ne peut rien changer et s'apitoyer sur son sort est justement la plus grande perte de temps et d'énergie qui soit pour un athlète », lui répétait toujours son père après ses mauvaises parties.

Même s'il avait été encore en vie, André ne serait certainement pas d'un grand secours cette fois-ci. Line et lui s'étaient connus en deuxième secondaire et ils ne s'étaient jamais quittés avant que la mort ne survienne traîtreusement.

À une dizaine de jours de l'ouverture des camps de la LHJMQ, Félix et sa mère doivent rencontrer deux autres agents. Lors de son appel-surprise, Richard Caisse lui a fortement suggéré de trouver quelqu'un pour le représenter. Cette recommandation l'a d'ailleurs grandement surpris puisque l'an passé, il a souvent entendu son entraîneur maugréer contre « ces foutus agents » !

— Tu vas voir, Félix, rendu à ton âge, les requins vont te rôder autour, lui a expliqué Caisse avec une bienveillance qu'il ne lui connaissait aucunement. Tu vas te retrouver avec plusieurs nouveaux « amis » qui vont tous vouloir t'aider. Prends-toi un bon agent, concentre-toi uniquement sur le hockey et laisse-le s'occuper de tout le niaisage en dehors de la patinoire.

Tout le niaisage en dehors de la patinoire… C'est exactement ce qu'il a éliminé de sa vie en rompant avec Emma et rien au monde ne viendra désormais altérer sa concentration.

Consciencieux, Félix n'a pas dérogé du programme d'entraînement soumis par les Huskies. Grâce à deux mois d'efforts soutenus et à une alimentation adaptée à ses besoins, le jeune hockeyeur de dix-sept ans fait maintenant osciller la balance à cent cinquante-trois livres. Pour suivre le rythme exigeant qu'on lui a imposé en gymnase, il a quotidiennement engouffré un minimum de cinq repas afin que son corps bénéficie de suffisamment de protéines, de glucides et de lipides. Depuis la fin de mai, il a commencé chaque journée en engloutissant quatre blancs d'œufs et deux bols de gruau avant d'aller au gym. Suivaient ensuite des pâtes vers onze heures, un repas de poulet vers quinze heures, un souper traditionnel avec sa mère et sa sœur aux environs de dix-huit heures, puis un dernier goûter composé de viande blanche en soirée. L'aimable nutritionniste qui l'a suivi insistait également pour qu'il prenne chaque jour deux généreuses collations de fruits ou de légumes crus en plus d'ingurgiter au moins trois litres d'eau. Poisson, noix, laits et céréales ont composé le reste de son alimentation au cours de l'été.

S'il fait abstraction de ses petites vacances en camping, Félix peut compter sur les doigts d'une seule main les occasions où il s'est permis de dévier légèrement de son programme. Outre de rares sorties à la crèmerie avec Emma, il a été tout simplement exemplaire. Comme l'an passé, il sera possiblement le joueur le plus léger à sauter sur la glace au camp d'entraînement des Huskies. Cependant, cela ne l'importune pas outre mesure, car il ne s'est jamais senti aussi fort.

Après plus de deux mois de sacrifices et de discipline, l'horaire prévoit maintenant une semaine complète de repos avant de mettre le cap vers l'Abitibi… Le jeune hockeyeur a bien l'intention d'en profiter pleinement! Son emploi du temps ne sera pas moins chargé, mais il sera indiscutablement plus varié. Et surtout un peu plus épicé puisqu'il doit revoir l'adorable Josiane au moins deux fois d'ici son départ. Pour le moment, ils ne sont que de très bons amis, contrairement à Carl et Cynthia, qui sont presque toujours ensemble, même s'ils ne sont pas officiellement en couple. Félix ne recherche absolument rien de plus comme relation.

La rencontre avec un deuxième agent a enfin lieu. Ses attentes étaient élevées envers l'Ontarien Billy Tancredi. L'homme l'a invité dans un restaurant chic de Montréal. Malheureusement, dès le début, Félix a su que ça ne fonctionnerait pas. Retenu à Toronto, l'agent ne s'est même pas présenté. Son associé québécois Jonathan Turcotte a hérité du mandat de vendre sa salade et d'essayer de convaincre le joueur des Huskies de se joindre à leur équipe. Même s'il avait discuté deux fois avec Tancredi à Kitchener dans le cadre du tournoi de la Coupe Memorial, Félix ne peut cacher sa déception, car c'est à lui qu'il voulait s'associer. Dans son optique, Turcotte n'est qu'un dépisteur de talent pour le Québec et un canal de communication pour Tancredi avec ses clients dans l'est du pays. Ce n'est pas lui qui aura un impact sur sa carrière.

Deux jours plus tard, il rencontre l'unique Boomer Prévost, ancien joueur recyclé en agent depuis une quinzaine d'années. Franc, direct et jovial, l'ancienne vedette des Maple Leafs ne laisse personne indifférent. Peut-être moins rusé et moins fin négociateur que certains de ses homologues, il connaît tout le monde à travers la LNH, ce qui est un atout majeur quand vient le temps de braquer les projecteurs sur un de ses clients. Surnommé « Boomer » depuis l'adolescence en raison de son puissant lancer frappé, il a la réputation de toujours dénicher des contrats pour tous ses joueurs, mais malheureusement pas toujours avantageux. Prévost est également moins raffiné, moins délicat et beaucoup moins subtil que les autres agents. En général, on l'aime ou on a de la difficulté à le blairer. Il parle fort, gesticule, émet son opinion sur tout et déride l'auditoire avec ses commentaires uniques ou une pléiade d'anecdotes croustillantes.

Au cours de la dernière année, Félix a croisé Boomer à maintes reprises, mais l'agent n'a jamais engagé la conversation avec lui. Trop orgueilleux pour prendre les devants et montrer son intérêt, le jeune attaquant des Huskies a donc été un peu surpris quand Boomer l'a invité au restaurant La porte de la Mauricie, situé en bordure de l'autoroute 40, entre Berthierville et Trois-Rivières.

Le lieu du rendez-vous l'étonne aussi. C'est certes un choix curieux comparativement aux endroits plus élégants et plus discrets que Christian Champagne et Billy Tancredi avaient choisis. Mais il y a pire… Une fois sur place, la façon de faire de Boomer surprend et irrite sincèrement Félix. C'est que l'agent explique sa façon de travailler à Line comme si le principal intéressé n'était même pas là.

Le sang de Félix bout dans ses veines et l'envie lui prend de se lever en regardant Prévost dans les yeux, d'interrompre la conversation et de lui dire:

« Excuse-moi, le Boomer. Elles sont ben le fun, tes belles histoires, sauf que je vais avoir dix-huit ans dans six mois et, malgré tout le respect que j'éprouve pour ma mère, elle n'aura plus un mot à dire dans mes décisions. Tu perds ton temps à *dealer* avec elle, parce que c'est moi qui décide. C'est moi qui joue, c'est ma vie et y a seulement moi qui sais ce que ça me prend. J'aime ma mère, mais elle n'a aucune idée de ce qui se passe pis de la façon dont les choses marchent. »

Félix se demande bien comment le Boomer réagirait. Il sait pertinemment toutefois qu'il couvrirait sa mère de honte en passant à l'acte et que ça ne lui donnerait pas grand-chose de se mettre l'agent à dos.

En arrivant au tertre de départ du dix-septième trou, au club de golf de Louiseville, Félix raconte son expérience à Carl.

— *Man*, j'ai rarement vu aussi fatigant que le Boomer! En plus, y a pas l'air d'être tellement convaincu que je vais me faire repêcher.

— Ta mère en dit quoi, elle?

— Elle, son idée est faite depuis qu'elle a rencontré Champagne. Je pense que ça sera lui par défaut… Y a aussi Melançon, qu'on a vu à Rouyn l'an passé, en séries, mais il a l'air assez spécial, ce monsieur-là.

— D'habitude, quand t'es pas certain d'une affaire, tu te demandes toujours ce que ton père aurait fait. Qui est-ce que tu penses qu'il aurait choisi? s'interroge Carl en se positionnant devant sa balle.

— Mon père dirait sûrement la même chose que ma mère: Champagne, répond honnêtement Félix en regardant atterrir la balle de son ami sur la bordure du vert de cette courte normale trois, en apparence si facile. Là, tais-toi, c'est ma dernière partie de l'année, j'ai pas envie d'envoyer ma balle à l'eau, surtout que je joue une bonne *game*!

Cocheur d'allée en mains, Félix frappe un de ses meilleurs coups de la journée. La balle monte très haut comme il le souhaitait, elle tombe à l'arrière du vert et descend doucement vers le trou pour terminer sa course à environ trois mètres de la coupe.

— J'espère que tu sais que c'est juste de la chance, ton coup ! Si y avait pas venté, ta balle se serait ramassée dans la côte, loin en arrière du *green*.

— Comme si j'avais pas calculé le vent ! Faudrait que tu finisses par reconnaître que je suis une machine !

— Ahhhh ! Tu m'énerves ! T'as pas encore fait ton *putt*, la Machine, enchaîne prestement Carl pour mettre un peu de pression sur son partenaire de jeu.

En bonne position pour un oiselet, Félix oublie vite Tancredi, Melançon, Champagne et Boomer. Toute son attention est maintenant portée sur le coup roulé qui l'attend et, pendant qu'il analyse le vert en marchant, il fait des additions dans sa tête. S'il peut envoyer la balle directement dans la coupe, il se retrouvera à plus six au départ du dix-huitième trou, une petite normale quatre qui comporte quand même certaines difficultés avec un vert surélevé et protégé par une petite rivière.

Si Félix se concentre sur sa partie, c'est tout le contraire pour Carl qui n'écoute son copain que d'une oreille, car, pendant qu'ils foulent les allées du club Links O'Loup, Line Bournival prépare secrètement une fête d'au revoir pour son fils. Il y a un an, il ne partait que pour quelques semaines, en théorie. Cette fois, tout le monde sait qu'il ne reviendra pas avant dix longs mois. Heureux complice de cette surprise, Carl a pour mission de ramener son copain vers dix-sept heures. Pour l'instant, tout va comme sur des roulettes.

Cinq minutes plus tard, après l'oiselet de Félix, les deux golfeurs abordent le dernier trou. À l'instant exact où Carl se demande s'il ne serait pas mieux d'inventer un prétexte afin de partir plus tard, il reçoit un message texte de Véronique qui l'informe que la voie est libre.

Tout est beau. Amène le frère. Tout le monde est ici.

Parfait. Il se doute de rien!!! J'ai fait de l'excellent travail... ☺

C'est qui Josiane et Cynthia? Je les connais pas... Ma mère non plus...

Lol!!! Des chums de filles! C'est moi qui les ai invitées. Félix va être content;-) Excuse, j'avais oublié de te le dire.

Comme son père le faisait lorsqu'il n'était qu'un enfant, les jours d'été Félix utilise rarement la petite entrée située sur le côté de la maison. Pour André Riopel, une porte de garage grande ouverte signifiait qu'il était là et que tous ses amis étaient les bienvenus. Pour Félix, il n'y a toutefois aucune symbolique. Il copie l'habitude de son père machinalement parce que c'est toujours ce qu'ils faisaient lorsqu'ils revenaient ensemble.

— Ma mère pis ma sœur ont pas l'air d'être là. Tu devrais aller chercher ton maillot. D'après moi, elles sont parties à l'épicerie pis on va sûrement se taper un bon souper. C'est mon dernier samedi à Louiseville. Envoye, *Big*, arrête de niaiser pis reviens dans cinq minutes, crie Félix à Carl qui fait lentement marche arrière avec sa voiture.

Feignant de ne pas avoir entendu correctement son ami, il baisse le volume de sa radio qui hurle du Eminem dans tout le voisinage. Il s'était dit qu'à leur arrivée ce bruit assourdissant lancerait un signal d'alarme aisément détectable pour ceux et celles qui étaient cachés à l'intérieur du garage. Les yeux plissés, le menton relevé, Carl embraye pour revenir dans l'entrée en grimaçant pendant que Félix, sac de golf sur l'épaule, s'active à composer le code de sécurité qui fera ouvrir la grande porte. La tête légèrement sortie par la fenêtre, Carl observe la scène en se disant qu'il lui aurait été impossible de concocter un meilleur scénario. Dos à la maison,

Félix le regarde en lui répétant d'aller chercher son maillot tandis que derrière lui apparaît graduellement une vingtaine de joyeux fêtards rassemblés pour souligner de belle façon son départ pour Rouyn-Noranda.

Quand Carl aperçoit le joli minois de Cynthia, il ne peut s'empêcher de la fixer, incapable de réprimer son sourire. Félix a déjà vu ce regard de nigaud et c'est à ce moment qu'il comprend que quelque chose se trame derrière lui, à son insu. Lorsqu'il se retourne, tout le monde rompt le silence en même temps et sa mère se rue sur lui pour l'enlacer.

— J'espère que t'es pas fâché! lui murmure-t-elle à l'oreille. Je sais que tu n'aimes pas beaucoup les surprises, mais c'était important, je pense, qu'on fasse un petit party avant que tu partes pour longtemps.

— T'es la meilleure mère au monde. Je t'aime, mom.

Pendant qu'il serre sa mère contre lui, Félix repère Josiane près de Maurice Bilodeau, le président de l'Association du hockey mineur de Louiseville et un de ses plus grands fans. Le rondelet bénévole exhibe fièrement une affiche qu'il a incontestablement lui-même fabriquée. « Riopel #57. Louiseville te souhaite bonne chance ! » Le visage de Félix s'illumine.

— C'est vrai qu'on est fiers de toi, clame monsieur Bilodeau, agréablement surpris par l'effet que sa petite pancarte a provoqué chez le hockeyeur de dix-sept ans.

Ce sourire de conquérant n'a rien à voir avec le bout de carton qu'exhibe le sympathique sexagénaire. Bien sûr, c'est la présence de Josiane qui a allumé cette flamme dans ses yeux. Ils se sont vus à deux reprises depuis cette nuit où ils ont dormi ensemble au camping et il ne pensait certes pas la croiser une autre fois avant de sauter dans l'autobus qui va bientôt le mener jusqu'à Rouyn-Noranda.

La petite cachottière lui avait dit qu'elle serait à Montréal ce week-end afin d'emménager dans son appartement situé pas trop loin du Collège Ahuntsic, où elle entreprendra d'ici quelques jours sa première année en techniques policières. Personne d'autre que Carl ne peut avoir manigancé cette agréable combine. Les vacances estivales ne pouvaient se terminer sur une meilleure note.

4

Une équipe à rebâtir

Placé à l'avant du groupe, près du gardien Francis Ouellette, Félix regarde tous ces nouveaux visages. Le directeur général Dany Lafrenière a bougé pendant l'été en effectuant quelques transactions mineures et il ira certainement chercher du renfort avant le début de la saison. L'équipe aura besoin de vétérans solides pour entourer toutes les recrues et il faut s'attendre à ce que des joueurs de vingt ans viennent la consolider au cours des prochains jours.

Pour l'instant, Simon Proulx, Raphaël Bouchard, Zachary Webster et Mathis Lecours se battent pour l'un des trois postes disponibles avec les Huskies. Mais selon ce qui se dit en coulisse, seuls Lecours et Bouchard devraient rester avec le club.

Un peu en retrait, deux grands adolescents longilignes discutent ensemble. Si la rapide analyse de

Félix est juste, il s'agit des deux nouveaux joueurs européens Roman Slavik et Zdenek Jedlicka. Discrets, les cheveux épais, collier en or, ils ont la tête de l'emploi. Reste seulement à déterminer qui est qui. Si des doutes planent souvent sur l'âge véritable des Russes qui émigrent dans la LHJMQ dans le but de se faire repêcher dans la LNH, il est clair que ces jeunes Tchèques n'ont jamais falsifié leur acte de naissance. Les deux garçons imberbes n'ont que dix-sept ans, mais ils jouissent déjà d'une réputation enviable dans leur pays. D'ailleurs, Félix a vu quelques séquences les mettant en action sur YouTube et il est évident qu'ils sont bourrés de talent. Surtout Slavik.

Avant de quitter leur contrée pour l'Amérique, les deux attaquants jouaient ensemble à Kladno, la ville où est né Jaromir Jagr. Séduits par l'idée de faire partie d'une équipe de la LHJMQ, ils avaient toutefois imposé fermement la condition qu'ils devaient se retrouver dans la même formation.

— On se fera pas de cachette à matin. Vous le savez, on repart en neuf à Rouyn, et les trois quarts de votre groupe n'auraient aucune chance de jouer pour les Huskies en temps normal. Pour la plupart d'entre vous, ce camp d'entraînement, c'est une chance inouïe. Tous nos meilleurs joueurs sont partis, on n'a aucune vedette, aucun gars de premier plan… C'est presque comme si on était une équipe d'expansion qui se bâtit un club avec les restants des autres. Le seul moyen de gagner des matchs, ça va être de jouer comme des enragés chaque soir. C'est pas le talent qui va nous sauver à Rouyn… on n'en a pas à revendre. C'est l'éthique de travail et la discipline qui vont faire la différence. Pis si y en a ici qui pensent que le camp va être facile parce qu'on est en reconstruction, dites-vous que c'est plutôt le contraire qui va arriver. J'ai jamais manqué les séries de ma vie et c'est pas cette année que ça va se produire. Ceux qui vont rester devront nous démontrer qu'ils sont prêts à tout pour jouer. C'est aussi vrai pour les vétérans qui sont de retour. Tout ce que vous avez fait dans le passé ne compte plus. Vous devrez à nouveau donner tout ce que vous avez dans le ventre.

Félix regarde discrètement Murray Wilkinson en se demandant s'il pense la même chose que lui. Les objectifs sont différents cette année, pourtant le discours de Caisse ressemble à un vulgaire copier-coller de ce qui l'a tant impressionné il y a douze mois à peine. L'intonation, l'intensité, le choix des mots et les regards de l'entraîneur-chef sont les mêmes qu'au dernier camp d'entraînement.

Après avoir pris une courte pause pour avaler une gorgée d'eau, Caisse poursuit sa longue tirade, comme s'il avait lu dans les pensées de son numéro 57.

— Et si y en a qui se pensent bons, vous viendrez me montrer votre bague de la Coupe Memorial et je vous garantis un poste. Si vous avez pas de bague, vous repartez à zéro comme tout le monde. J'imagine que tout est clair.

Le silence envahit la place, les recrues baissent la tête. L'entraîneur pose un regard lourd de sens sur les anciens.

— Je vous présente mon adjoint Pascal Milette. On a failli le perdre cet été, car y a une couple de clubs qui lui ont couru après pour une job de coach en chef. Vous êtes très chanceux qu'il soit resté ici parce que, contrairement à moi, lui c'est un maudit bon gars. Si vous avez des questions ou besoin de conseils, allez voir Pascal parce que moi, je suis pas là pour répondre à vos questions pis écouter vos histoires. Maintenant, il va vous présenter le reste du *staff* et vous expliquer l'horaire en détail. Moi, je retrouve les gars du groupe A sur la glace dans une heure… J'aimerais ça vous dire bonne chance, mais le facteur chance n'existe pas dans mon club.

Réprimant difficilement un sourire, Félix scrute furtivement le hall d'entrée en se demandant si Richard Caisse était vraiment sérieux quand il parlait de son histoire de bagues, car après tout, les Huskies sont venus à un petit but de remporter la Coupe Memorial. Il a certes raté une chance en or et il s'en veut encore, sauf qu'il ne faut pas perdre de vue que Rouyn-Noranda a été le deuxième club au Canada la saison dernière ! La seule chose qui est claire, c'est que le discours de Richard Caisse a eu un impact colossal. Les nouveaux joueurs s'échangent des regards dans lesquels la peur est facilement perceptible. Félix se rappelle qu'il a vécu les mêmes émotions il y a exactement un an.

— *No fuckin way* que je vais jouer pour un malade comme ça! entend-on dans la dernière rangée.

— Ta yeule, Ricky, répond doucement le garçon qui se trouve près du joueur qui a parlé.

— Y a pas de « ta yeule, Ricky »... L'as-tu entendu, le malade en avant? Voyons donc, y se pense où lui... à la guerre? J'sacre mon camp d'ici, moé, pis tu devrais en profiter pour embarquer si tu veux un *lift* jusqu'à Lac-Simon.

— Y a-tu quelque chose qui marche pas dans le fond? interroge Milette qui, comme tout le monde, a clairement entendu les propos de Ricky Papatie, un colosse de six pieds cinq pouces originaire de la réserve algonquine Simosagigan, mieux connue sous le nom de Lac-Simon. Cette petite communauté autochtone est située à une trentaine de kilomètres au sud de Val-d'Or.

— C'est clair qu'y a quelque chose qui marche pas, pis c'est entre les deux oreilles du coach, répond bien haut le géant de dix-neuf ans, sans aucune retenue. Avant de lui casser mon bâton sur la tête parce qu'il parle aux gens comme si y étaient des moins que rien, je préfère sacrer mon camp à la maison. Merci de m'avoir invité, mais un gars qui se prend pour Hitler, j'ai vraiment pas besoin de ça dans ma vie.

— Pis un gars qui se dégonfle et abandonne avant même de commencer, on n'en veut pas non plus, interrompt Caisse, encore présent, qui a tout entendu. Dans ma vie, j'en ai vu des paquets de faux *toughs* dans ton genre. C'est parce que t'as la chienne de te planter devant tout le monde que tu pars avant le début du camp, poursuit-il en marchant lentement vers Papatie tout en le foudroyant du regard. C'est facile de donner ton show à matin et d'essayer d'impressionner tes chums. De cette façon-là, t'auras pas à subir l'humiliation de te faire couper dans trois ou quatre jours. J'ai fait mes devoirs pis je le sais que t'as le talent pour jouer junior majeur… Toute ta vie t'as préféré jouer avec des moins bons. Pourquoi ? Parce que t'as pas le cœur pour te défoncer à l'ouvrage. Donc, avant de te faire rejeter devant tout le monde, tu préfères critiquer les Huskies en mettant ça sur mon dos. Tu dois faire la même affaire avec tes blondes et tes amis… sauf que moi, je vais te donner une deuxième chance. Si tu t'excuses, tu peux rester.

Un lourd silence règne dans le hall d'entrée de l'aréna Iamgold. Tous les joueurs observent la scène avec étonnement en espérant presque une réplique de l'Amérindien. Le torse bombé, soutenant intensément le regard de Papatie, Richard Caisse attend patiemment sa réponse sans broncher. Craignant que la confrontation dégénère, Dany Lafrenière et Pascal Milette se sont approchés afin de pouvoir intervenir, au besoin.

— Merci pour l'offre, mais je pars pareil, marmonne Papatie en baissant les yeux au sol. Viens-t'en, Loïc, on s'en va.

— Moi je reste, Ricky. Va-t'en, c'est beau. Je vais m'arranger pour rentrer à la maison. Je vais attendre ici jusqu'à ce que mon père finisse de travailler, sinon je retournerai à la réserve sur le pouce. Je te texte *anyway* à la fin de la journée.

Calmement, comme si rien ne s'était produit, Ricky Papatie se retourne et se rend dans le vestiaire pour récupérer son équipement devant les yeux incrédules des autres joueurs. Richard Caisse, qui n'a toujours pas bougé, ramène tout le groupe sur terre.

— Est-ce qu'il y en a d'autres qui ont le goût de s'en aller avant qu'on commence ? Je suis déçu de voir un gars partir sans avoir essayé, par contre je respecte ce qu'il vient de faire parce qu'il ne m'a pas fait perdre mon temps.

L'atmosphère est lourde. Comme toutes les personnes présentes, c'est la première fois que Félix voit quelqu'un tenir tête à l'entraîneur des Huskies en le défiant de la sorte et il se demande si ce gros inconnu est inconscient ou courageux. Alors qu'il se pose ces questions, Ouellette lui donne un petit coup de coude dans les côtes pour qu'il regarde à sa gauche, près de la machine distributrice. Même s'ils n'ont pas saisi un traître mot de l'échange, les deux Tchèques semblent abasourdis et peut-être même un peu terrifiés.

— Bon… le spectacle est terminé. Pascal, commence ton *speech* parce que sinon on va prendre du retard sur l'horaire à cause de ces niaiseries-là. *You two, guys, you come with me in my office. We need to talk*, dit-il en montrant Slavik et Jedlicka du doigt, sachant que l'incident risque de les avoir ébranlés.

La deuxième journée du camp d'entraînement vient de se terminer et Richard Caisse n'a pas encore adressé la parole à Félix. Pire, il ne l'a même pas regardé. En tant que joueur de deuxième année, il s'attendait à ce que l'entraîneur lui témoigne une certaine forme de reconnaissance. Peut-être pas de la gratitude, du respect ou de l'estime, mais au moins un peu de reconnaissance. Surtout après la conversation téléphonique d'il y a quelques semaines. Cependant, le jeune homme commence à bien cerner le personnage et, finalement, il conclut qu'il n'y a rien d'étrange à cette situation. Dans le fond, tant que Caisse ne lui parle pas, c'est signe que tout va bien pour lui.

Si l'entraîneur n'a rien à lui dire, dans le vestiaire, les entrevues se succèdent et la plupart des journalistes qui le croisent le bombardent de questions sur son nouveau rôle de jeune vétéran, sur la reconstruction des Huskies, sur ses attentes et ses objectifs personnels, sur l'importance de sa saison en vue du repêchage de la LNH et inévitablement sur sa taille qui pourrait être un handicap majeur aux yeux des dépisteurs professionnels. Mieux outillé, plus mature et plus expérimenté après une saison complète dans le circuit, le petit numéro 57 donne la réplique sans se mettre les pieds dans les plats.

Félix a aussi retrouvé le réconfortant domicile de la famille Casault où il logera encore. Cette année, par contre, Jacques et Ginette accueillent un nouveau pensionnaire qui viendra occuper la plus petite chambre du sous-sol. Il s'agit de Zachary Leduc, un attaquant de dix-huit ans, originaire de Blainville au nord de Montréal et qui vient de connaître une saison plus qu'emballante dans la Ligue de hockey junior AAA du Québec, avec le Titan de Princeville.

Même s'il est plus vieux, Leduc est une recrue, ce qui signifie que Félix jouit de certains privilèges. Il peut donc conserver la grande pièce qu'il avait choisie la saison précédente.

— J'ai un an de plus que toi, tu pourrais me laisser ta chambre même si t'étais là l'année dernière! le taquine Leduc en descendant au sous-sol. En plus, j'ai joué six parties avec vous autres l'an passé, on peut plus vraiment me considérer comme une recrue.

— C'est dommage. Ça veut dire que tu ne seras pas admissible au titre de recrue de l'année? questionne Félix, qui connaît déjà la réponse.

— Ben oui que je suis admissible! Et je peux le gagner, ce trophée-là. J'ai été recrue offensive de l'année dans le junior AAA et je suis certain que je peux maintenant connaître le même genre de saison dans le junior majeur.

— Si je comprends bien, t'es une recrue de dix-huit ans et moi je suis un vétéran de dix-sept ans, donc c'est toi, le p'tit nouveau! Je garde la grande chambre, mon Zach! tranche Félix en pointant la pièce avec un sourire moqueur.

Félix Riopel@Rippy57

Très heureux d'avoir Zachary Leduc alias @ Bidou08 avec moi en pension #GoodGuy #GoodRookie

Comme c'était le cas lors de sa première saison à Rouyn-Noranda, Félix communique surtout par texto ou à l'occasion par Facebook et Twitter, quand ce n'est pas trop personnel. Avant de se mettre à table en compagnie de Zachary pour attaquer un succulent filet de doré pêché par monsieur Casault lui-même, il donne un bref compte rendu de sa deuxième journée d'entraînement à sa mère, à sa sœur, à Carl… et à Josiane.

> On va vrm être poche cette année. Y ont tous l'air des pee-wee à côté de moi. Aucune chance qu'on fasse les playoffs. Zero skills. L'année va être longue en sale. Au moins, j'ai un bon gars avec moi en pension.

> **Félix Riopel**@Rippy57
>
> 2e jour du camp terminé. Can't wait to play #Huskies #LHJMQ

Avec le départ d'une dizaine de vétérans, les Huskies n'ont pas le choix de passer par la douloureuse étape de la reconstruction. En ce sens, l'été dernier, plusieurs joueurs non repêchés ont reçu une invitation au camp en espérant que l'un d'entre eux parvienne à causer une surprise. Mercredi soir, après trois jours d'entraînement intensif, Richard Caisse effectue une première vague de coupures et il n'y a aucune surprise parmi les nombreux gars qui sont retranchés. Certains espoirs de la région ont évité le couperet et, dans l'esprit de bien des gens, c'est surtout une opération charme menée par la division marketing des Huskies.

Jeudi soir, après le match intra-équipe, le nombre de joueurs sera encore réduit, puis des décisions seront prises après les trois parties préparatoires du week-end qui auront lieu vendredi, samedi et dimanche. Même si son poste est déjà assuré, Félix s'est mis en tête de démontrer qu'il n'a rien perdu de sa fougue et de sa combativité. Déjà intense depuis le début des entraînements, il a la ferme intention de se démener pour cette partie entre les Rouges et les Blancs. Ce duel ne veut peut-être rien dire pour la plupart des vétérans, or c'est important pour lui de prouver à Richard Caisse qu'il demeure toujours aussi déterminé et qu'il est prêt à hériter de grandes responsabilités malgré ses dix-sept ans.

Fidèle à son habitude, il est le premier joueur à se présenter à l'aréna. N'en pouvant plus de tourner en rond chez les Casault, il a englouti une immense assiette de macaroni au fromage puis, à quinze heures trente, il quittait déjà sa pension. En entrant dans le vestiaire, il remarque que la liste des joueurs est déjà inscrite au tableau. Il sera dans l'équipe des Rouges au milieu de deux recrues: Adam Bourbonnière, un prometteur attaquant de seize ans choisi en deuxième ronde au dernier repêchage du midget AAA, et Loïc Penosway, l'ami du géant qui a envoyé promener Caisse à l'ouverture du camp d'entraînement. C'est étrange, ces deux joueurs avaient attiré son attention dès la première journée. Rapide, intelligent et possédant un bon gabarit pour un gars de son âge, il semble évident que Bourbonnière va réussir à se tailler une place au sein de l'équipe. D'ailleurs, il risque d'y avoir trois ou quatre jeunots comme lui avec les Huskies cette année.

Si Félix a remarqué Penosway, ce n'est toutefois pas en raison de son talent. Fort comme un bœuf, mais lent comme une tortue, il arrive du midget CC et il est évident qu'il possède un sens du hockey nettement inférieur à la moyenne du groupe. Presque aussi costaud que l'autre Amérindien, il fait osciller la balance à deux cent huit livres. De plus, il mesure six pieds trois. À la deuxième journée du camp, traînant de la patte en raison de sa mauvaise condition physique, il a goûté à la médecine de Caisse qui l'a humilié devant tout le monde. Timide, celui que certains ont commencé à surnommer « l'Indien » n'a pas dit un seul mot et il a terminé l'exercice de patin avec l'entraîneur gueulant à ses côtés. Le cœur au bord des lèvres, Penosway n'a pas arrêté comme on le fait habituellement pour aller vomir dans une poubelle. À bout de forces, le gros Algonquin a continué d'avancer péniblement en régurgitant sur lui. Plutôt que de le laisser tranquille, le pilote des Huskies s'est alors mis à le traiter de malpropre, de gros dégoûtant et de loque répugnante. Assistant à cette scène comme ses coéquipiers, jamais auparavant Félix n'avait vu quelqu'un être aussi cruel et il s'était demandé comment Penosway avait fait pour ne pas fracasser son bâton sur la tête de Caisse. C'est inévitablement ce qu'il aurait fait si on l'avait provoqué ainsi.

— Pourquoi t'as laissé le coach te parler comme ça mardi ? demande discrètement Félix à Loïc en allant s'asseoir à côté de lui dans le vestiaire, une heure avant la partie entre les Blancs et les Rouges.

— Bof... Qu'est-ce que ça aurait changé que j'arrête de patiner? Il m'aurait traité de paresseux pis de lâche? Et ça aurait été encore pire si je lui avais répondu. Dans le fond, il avait raison. Comparé à toi pis aux autres, je suis vraiment pas en forme. Mon but, c'est de jouer une *game* hors concours, pis j'irai pas *scrapper* mes chances quand je suis presque rendu là.

— Je comprends, mais faut pas que tu le laisses te monter sur la tête, sinon il te lâchera jamais, réplique Félix, un peu décontenancé par sa réponse. Tu vas voir, c'est tout un spécimen.

— T'es ben fin de t'inquiéter pour moi. T'en fais pas, j'ai la couenne dure... ben dure même. Je me sacre pas mal de ce qu'il peut penser ou dire de moi, comme je me fous ben de ce que tu penses toi aussi.

— C'est correct. Arrange-toi tout seul si je te tape sur les nerfs, rétorque sèchement Félix en se dirigeant vers son casier pour enfiler son uniforme. Félix se dit que Penosway aurait dû suivre Papatie quand ce dernier lui a proposé de partir avec lui, le lundi matin.

— Félix! lance l'Algonquin en se levant lentement de sa place. Je suis habitué à me débrouiller tout seul dans la vie. En général, les gens ont plein de préjugés stupides envers les Amérindiens, ça fait que je me sacre pas mal de l'opinion des autres. Je voulais pas être déplaisant. Merci, conclut-il en lui tendant la main.

Si le match intra-équipe revêt une importance capitale pour plusieurs jeunes qui ne profiteront pas d'une longue période d'évaluation avant d'être retranchés, Félix, pour sa part, n'a rien à prouver. Jouant sans pression et contre certains adversaires qui ne sont honnêtement pas de taille, il s'amuse sur la patinoire. La chimie est déjà excellente avec le jeune Bourbonnière, mais on ne peut pas en dire autant de son ailier droit. Lent, hésitant, souvent hors position et presque toujours en retard sur le jeu, Penosway est incapable de suivre le rythme.

Auteur d'un but et deux passes, Félix aide les Rouges à disposer des Blancs huit à six. Demain, place aux choses sérieuses. Le groupe sera réduit de quarante à trente joueurs et on disputera enfin un premier match préparatoire alors que les Olympiques de Gatineau seront les visiteurs à l'aréna Iamgold.

5
De drôles de surprises

Assis dans les gradins en compagnie d'Olivier Rozon, Rémi Cholette, Jonathan Léveillé et Adam Bourbonnière, Félix assiste à un bien triste spectacle. Sans pitié pour leurs pauvres rivaux, les visiteurs démolissent les Huskies onze à trois. Comble de malheur, en fin de rencontre, Cédrick Loiselle reçoit un tir sur la cheville gauche et on craint une fracture. Si c'est le cas, le gros défenseur va vraisemblablement manquer quelques semaines d'action.

— J'espère que c'est pas trop grave, commente Rémi Cholette. Même si c'est pas ton meilleur chum, Rippy, avoue qu'on va être dans le trouble si Loiselle rate le début de la saison.

— *Man*, tu m'enlèves les mots de la bouche.

Le scénario est moins catastrophique le lendemain alors que Richard Caisse insère de nouveaux éléments dans la formation, dont Félix. Choix de première ronde des Huskies en juin dernier lors du repêchage midget, le défenseur Lukas Denommé démontre qu'il possède réellement des habiletés hors du commun. Sauf que lorsqu'il saute sur la glace, c'est souvent comme si les Huskies se retrouvaient avec un quatrième attaquant et cela tend à provoquer des situations périlleuses en défensive. Déjà le chouchou des amateurs, Denommé a joué tout son hockey mineur à Amos et il sera la pierre angulaire de la reconstruction du club. Toutefois, il y a fort à parier que l'entraîneur-chef en fera son bouc émissaire s'il continue de prendre aussi régulièrement des risques sur la patinoire.

Zachary Leduc attire également l'attention. L'an passé, il n'y avait pas de place pour lui à Rouyn-Noranda, mais avec tous les joueurs qui sont partis, il devrait logiquement se dénicher un poste sur l'un des deux premiers trios. C'est d'ailleurs la promesse que lui a faite Dany Lafrenière avant même l'ouverture du camp d'entraînement. Désireux de ne pas faire mentir le directeur général, Leduc s'est amené en Abitibi dans une forme resplendissante et il a épaté la galerie lors de cette deuxième joute préparatoire en amassant un but et une mention d'aide, en plus de remporter un furieux combat et de terminer sa soirée de travail avec un différentiel de plus trois malgré un revers de six à quatre. Penosway, qui jouait à ses côtés, a curieusement tiré son épingle du jeu, marquant même un but sur un retour de lancer.

Dans le vestiaire, après l'affrontement, les journalistes se régalent en écoutant les histoires de Denommé, Leduc et Penosway. En retrait, Félix observe la scène, un peu médusé. Rien n'est comparable à ce qu'il a vécu l'an passé alors qu'il n'y avait presque aucun poste disponible pour des recrues et que les nouveaux avaient intérêt à ne pas faire de vagues. Cette année, on dirait un véritable cirque avec tous ces hurluberlus. Heureusement, il y a du positif dans cette situation, car en écoutant parler le jeune défenseur d'Amos, il conclut que Caisse ne sera bientôt plus sur son dos, trop occupé à encadrer le prétentieux Denommé qui se prend pour la réincarnation blanche de PK Subban. Leduc, qui rêve de jouer dans la LHJMQ à dix-huit ans, semble plus terre à terre, cependant il se montre très confiant, allant même jusqu'à dire qu'il vise un poste sur le premier trio des Huskies. Même l'Amérindien, que Félix croyait gêné, ne paraît pas embarrassé par cette soudaine attention.

— Je pensais que le calibre de jeu était plus fort que ça, lance-t-il sans retenue à Gabriel Gauthier de *L'Abitibi Express* et à Christian Laperrière de *La Frontière*. J'ai toujours joué pour le fun avec les gars de la réserve et je me suis jamais entraîné comme les joueurs qui sont ici. Dans le midget CC à Val-d'Or, ça allait bien, mais je me disais que j'aurais de la difficulté à suivre le rythme ici... Je pense que je pourrais être un bon joueur dans cette ligue-là, une fois que je serai aussi en forme que les autres.

En voyant les sourires sur les visages des deux journalistes qui griffonnent dans leur calepin avec enthousiasme, Félix ne peut s'empêcher d'étouffer un long soupir en se dirigeant vers les douches.

« Non seulement on est pourris, mais en plus on est pognés avec des chaudrons qui se pensent bons. J'ai hâte de voir ça demain dans le journal. Je me demande si le coach va endurer ça sans rien dire... Il faudrait surtout pas que Denommé vienne vivre dans ma pension. À côté de lui, Cédrick Loiselle représente l'humilité en personne ! » songe Félix, les yeux fermés sous le jet d'eau chaude.

En ce dimanche, les Huskies visitent leurs voisins les Foreurs, qui eux aussi ont joué les deux journées précédentes. Comme l'affrontement est prévu pour seize heures, il n'y a pas d'entraînement à l'horaire en matinée. Richard Caisse a tout simplement demandé aux jeunes de se présenter pour midi trente et l'autobus partira une heure plus tard.

Quand Félix arrive à l'aréna à onze heures trente, il constate avec stupéfaction que certains joueurs partent précipitamment avec leur équipement sur l'épaule. C'est que deux heures plus tôt, l'entraîneur a téléphoné à une demi-douzaine de gars pour leur demander de passer le rencontrer à son bureau.

Les boys, venez tout de suite à l'aréna. Le coach a coupé presque tout le monde.

Alors qu'il finit d'expédier son message texte aux autres vétérans de l'équipe, Zachary Leduc surgit du corridor en marchant d'un pas rapide. Les poings crispés, le visage rouge de colère, il pleure à chaudes larmes, sans pudeur, même si quelques joueurs traînent dans le hall de l'amphithéâtre.

— *Fuck you! Fuck you*, les Huskies! crie-t-il à tue-tête en se tournant en direction du bureau de Richard Caisse avant de poursuivre son chemin vers la sortie.

Félix n'en croit pas ses yeux. Pétrifié, il jette un coup d'œil vers les autres gars qui ont tous ce même regard sceptique, puis il se précipite sans perdre de temps et rattrape Leduc, déjà rendu dans le stationnement.

— Voyons, *man*, qu'est-ce qui se passe? interroge maladroitement Félix.

— Votre crisse de coach sale vient juste de me couper même si Dany Lafrenière m'avait déjà confirmé trois ou quatre fois dans le club. Hier soir, Lafrenière m'a même dit qu'il avait adoré ma *game* pis que j'allais avoir un rôle important avec les Huskies.

— Ben, pourquoi ils t'ont coupé d'abord ?

— Caisse dit qu'il a rien à me reprocher, mais que tant qu'à perdre toute l'année, y fera pas rentrer de recrues de dix-huit ans dans son équipe. Il préfère perdre avec des jeunes de seize ou dix-sept ans. Je m'en sacre, de Caisse. Il m'a jamais rien promis, lui. Mais l'autre, Lafrenière, c'est juste un maudit menteur pis un ostie d'hypocrite.

— Ouin… Je te comprends d'être frustré, mais calme-toi pis dis pas des affaires qui pourraient te mettre dans le trouble. Moi aussi, j'ai été retranché l'année passée. Pis pas longtemps après y ont changé d'idée. Tu sais jamais ce qui peut arriver. Suffit qu'un gars se blesse, explique Félix pour essayer de remonter le moral de Leduc.

— Oublie ça, Riopel. Je changerai pas d'idée. Si y a un gars qui se blesse, c'est un *kid* qui va monter. Pas moi. Ça fait trois ans que les Huskies me disent juste de la *bullshit*. Je suis écœuré de me faire niaiser. C'est n'importe quoi, c't'organisation de débiles là. *Game over, buddy*… C'est fini, je lâche le hockey.

— Déconne pas, le gros. Tu peux pas lâcher le hockey pour ça. C'est pas à eux autres de décider que c'est fini… Y a peut-être un autre club de la ligue qui va te vouloir ?

— T'es ben correct, Riopel, mais laisse tomber, c'est fini… fini pour vrai. J'ai dix-huit ans, je suis tanné de faire rire de moi par des raisins qui ont pas de parole. Pis penses-tu que Lafrenière était dans le bureau avec le coach ? Ben non, pas de danger qu'il se montre la face. Il a pas assez de couilles pour ça. Là je comprends pourquoi tout le monde parle en mal de lui à travers toute la ligue.

Compatissant et surtout à bout d'arguments, Félix rebrousse chemin vers l'aréna. Enragé, Leduc ferme violemment le coffre de sa voiture, s'assoit derrière le volant, se prend la tête à deux mains et explose en pleurs. Son rêve de jouer dans la LHJMQ vient de s'envoler en fumée. Après des années de sacrifices nourries d'espoir, ce nouvel échec a l'effet d'un coup de masse sur le crâne… Surtout que plusieurs joueurs beaucoup moins talentueux et sérieux que lui auront la chance de se faire valoir à Rouyn-Noranda.

Les yeux dans l'eau, il démarre le moteur de sa voiture, recule doucement puis appuie à fond sur l'accélérateur en embrayant en marche avant. Le bruit des pneus qui crissent sur l'asphalte symbolise pour lui ce cri de douleur qu'il refoule à l'intérieur.

Toutes les fois que son père alcoolique se chicanait avec sa mère, c'est de cette façon qu'il décampait de la maison pour aller passer sa frustration ailleurs. Avec ce départ fracassant, Zachary a le sentiment de faire savoir à tout monde qu'il est furieux. À peine sorti du stationnement, déjà son téléphone sonne. C'est possiblement un journaliste qui veut connaître son état d'âme, et cette fois-ci, si c'est le cas, il va déballer son sac.

— Allô, répond Zach, encore sous le choc.

— C'est Félix. Écoute, Zach, tu peux pas partir de même. Fais pas de conneries, je viens te rejoindre chez les Casault.

— Pas besoin. Ça va prendre une minute pour ramasser mes affaires. Merci, Félix… t'es ben correct.

— D'abord, fais ta valise pis viens me rejoindre au Tim Hortons. Je vais t'attendre là.

Moins de dix minutes plus tard, arrêté à un feu de circulation qui refuse de tourner au vert, Zachary réalise que ses mains tremblent tellement il est en colère. Il pensait ignorer la proposition de Félix et prendre directement la route pour rentrer à la maison, or il comprend que s'arrêter quelques instants pourrait être une sage décision afin de se calmer et de reprendre ses esprits avant d'entreprendre le long trajet jusqu'à Blainville.

Le cappuccino glacé qu'il avale lentement en jasant avec Félix a curieusement un effet apaisant. En conversant avec son confident du moment, il repense avec un brin de nostalgie à ces froids matins d'hiver quand il avait sept ou huit ans et qu'il quittait la maison à pas feutrés en compagnie de son père pour ne pas réveiller ses deux grandes sœurs et sa mère, toujours endormies. Même si son père avait fait la fête la veille, jamais il n'avait manqué un rendez-vous de hockey, et bien souvent, le week-end, il faisait encore nuit quand ils quittaient tous les deux la maison vers cinq heures trente pour aller à un entraînement. À ce moment-là, Blainville, comme toute la couronne nord de Montréal, était encore plongée dans un profond sommeil et, à l'époque, Zachary avait la certitude que seuls les petits novices et leurs papas étaient déjà debout si tôt. Dans sa tête d'enfant, c'était comme si cette ville fantôme leur appartenait. Il y avait certes quelques exceptions comme ces serveuses du restaurant qui les attendaient, souriantes et joviales malgré l'heure.

— Moi aussi, j'avais le même *feeling*. Le pire, c'est que je suis certain que mon père aimait ça encore plus que moi, intervient Félix qui remonte aussi dans le temps, avec la complicité de Zachary. Il est mort aujourd'hui, mais je me souviens qu'il avait toujours de la misère à se lever pour aller travailler, pourtant ça prenait deux secondes quand c'était pour aller au hockey, même à cinq heures du matin, confesse Félix avec un peu de chagrin.

— Mon père et moi, à Blainville, on avait un rituel, poursuit Zachary. Le samedi ou le dimanche, on quittait la maison quatre-vingt-dix minutes avant l'entraînement. Ça veut dire que la plupart du temps, on partait vers cinq heures et demie du matin. Comme les rues étaient désertes et qu'il n'y avait aucun policier, je pouvais m'asseoir à l'avant de la camionnette, dans le siège du passager. Parfois, même, mon père m'assoyait sur lui et il me laissait conduire pour sortir du quartier, se rappelle-t-il. Je croyais vraiment que c'était moi qui conduisais vu que je tenais le volant, mais plus tard, j'ai compris que mon père contrôlait la fourgonnette avec ses genoux! Avant les entraînements de la fin de semaine, on allait toujours déjeuner au restaurant, on s'installait toujours à la même table et on commandait chaque fois la même chose: une omelette au jambon et un chocolat chaud.

Plus Félix écoute le récit de Leduc et plus il trouve regrettable la décision de Richard Caisse de l'avoir retranché de l'équipe. Il est persuadé que Zach aurait très bien paru avec les Huskies, mais surtout, il a maintenant la conviction qu'il aurait pu développer une solide amitié avec ce gars-là.

— Je suis content que tu te sois arrêté dix minutes pour qu'on jase. J'avais vraiment peur que tu fasses une gaffe quand je t'ai vu partir en faisant ton show de boucane! avoue Félix.

— Y serait rien arrivé, inquiète-toi pas. J'étais juste vraiment frustré de la vie, *man*. Finalement, c'est pas la fin du monde d'être retranché des Huskies. Le hockey m'a fait vivre les plus beaux moments de ma vie pis j'aurais jamais pu jouer dans la Ligue nationale *anyway*, admet-il de façon peu convaincante.

— Tu peux pas dire ça, Zach. Y a un paquet de joueurs qui sont passés par le junior AAA comme Alex Burrows, Patrick Lalime, Martin St-Louis ou David Perron. Je le sais, Perron, c'est mon idole! Ce gars-là a même pas joué au hockey sa première année midget, explique Félix pour essayer d'encourager son vis-à-vis. Pense à ça pendant que je vais aux toilettes! *Man*, y penses-tu? Perron a joué junior AAA pis aujourd'hui, ce gars-là est une machine dans la ligue nationale!

Malgré ce discours destiné à le motiver, Zach n'a guère le goût d'imaginer son avenir au hockey. Ses pensées restent fixées sur son passé, qui lui semble aujourd'hui à des années-lumière. Sans qu'il s'en rende compte, ces moments magiques se sont lentement évaporés. Un matin, il s'est réveillé et, soudainement, le hockey avait cessé d'être un jeu. Il fallait s'entraîner et jouer dans des ligues d'été afin de continuer de s'améliorer comme les autres jeunes joueurs talentueux.

Zachary devait avoir neuf ans la première fois qu'il a réalisé que son sport était maintenant devenu quelque chose de très sérieux. Il venait d'être choisi dans l'un des deux clubs atomes BB des Bastions de Blainville et son père lui avait gentiment expliqué qu'il ne devait surtout pas décevoir les entraîneurs qui l'avaient sélectionné. En quittant les rangs novices, il entrait du coup dans le monde du hockey compétitif. À partir de ce moment, il a dû suivre les consignes des entraîneurs et faire face à des représailles. Si, à l'école, l'enseignant a l'obligation morale de demeurer poli et respectueux envers les jeunes, au hockey l'entraîneur a, ou sinon s'approprie, tous les droits. Pour le bien de l'équipe, si un joueur répète une erreur ou n'exécute pas correctement le plan de match, l'entraîneur peut impunément crier, sacrer, et même l'humilier, le dénigrer ou le laisser au bout du banc dans le seul but de guider ses jeunes troupes vers la victoire. Et c'est primordial que l'enfant entre dans le moule s'il veut gravir les échelons.

Vus de l'extérieur, ces comportements peuvent sembler étranges et intolérables. Pourtant, ils constituent le quotidien d'une multitude de hockeyeurs et de leurs parents. Peu de gens se demandent si cette façon d'agir est normale parce que c'est ainsi que ça fonctionne et que ça a toujours fonctionné. Zachary en prend conscience aujourd'hui, à dix-huit ans. Dans le fond, Dany Lafrenière et Richard Caisse ne sont guère mieux ou pires que ceux qui l'ont dirigé auparavant dans le hockey mineur. Même qu'ils sont plus crédibles que ses entraîneurs atome, pee-wee ou bantam, car ils ne sont pas là pour faire avancer leur propre fils. Ils sont à la tête des Huskies par passion.

— Sors de la lune, Zach ! lance Félix qui s'est attardé à discuter avec des partisans des Huskies en revenant de la salle de bain. Je sais que ça change rien, mais les deux gars là-bas en reviennent pas que tu viennes de te faire retrancher. Ils ont un abonnement depuis plusieurs saisons. Ils ont vu nos deux *games* hors concours cette année pis ils étaient certains que tu ferais le club facilement.

Une minute plus tard, en sortant du restaurant avec Félix, Zachary regarde le ciel bleu de l'Abitibi pour une dernière fois. Il laisse échapper un profond soupir, comme si la rage qui l'habitait il y a une demi-heure à peine s'était lentement transformée en dégoût. En marchant vers sa voiture, il prend une grande gorgée pour terminer son cappuccino glacé et, alors qu'il s'apprête à fouiller dans le fond de sa poche pour saisir son trousseau de clés, il aperçoit l'immense bac à poubelles sur le côté de la bâtisse. Il poursuit ce qu'il a entrepris, mais plutôt que de déverrouiller sa portière, il tend son verre à Félix, ouvre le coffre de la voiture, empoigne son sac de hockey et ses bâtons puis traverse le stationnement. D'un coup sec, il balance tout ce qu'il a entre les mains dans le gros conteneur en métal rouge.

Assis sur leurs vélos immobiles, deux gamins d'une dizaine d'années le regardent, ahuris, puis ils tournent leur regard vers Félix qu'ils ont reconnu.

— Si ça vous tente de fouiller dans les poubelles, y a un bel équipement de hockey des Huskies pis trois bâtons *one-piece* flambant neufs, lance Leduc aux enfants en leur adressant un clin d'œil complice.

— Pourquoi t'as jeté ça? demande le plus jeune des deux, un petit rouquin qu'il a déjà croisé à l'aréna.

— Parce que je m'en servirai plus jamais de ma vie, se contente-t-il de répondre en souriant avant de se tourner vers son ancien coéquipier. Salut, Rippy, et merci pour tout, *man*, conclut-il en donnant une chaleureuse accolade à Félix.

Ce dernier, à cet instant précis, ne peut s'empêcher de penser à Carl qui abandonnait lui aussi définitivement le hockey il y a presque exactement un an. Il a beau essayer de comprendre le raisonnement de ses amis, il n'arrive pas à se rentrer dans la tête qu'on puisse vouloir arrêter de pratiquer le plus beau sport du monde.

— Bonne chance, Zach, mais j'espère que tu vas changer d'idée. On se texte, se contente-t-il de lui dire avant d'aller à l'aréna rejoindre l'équipe qui doit partir à Val-d'Or.

Avant de se remettre en route, Leduc met ses verres fumés, branche son iPod sur sa radio, monte le volume, saisit son téléphone portable puis annonce officiellement sa retraite du hockey sur Twitter.

Zachary Leduc@Bidou08

No more hockey for me. It's over. Thanks for the memories. Good luck @Rippy57 you are a great guy.

Toujours persuadé qu'il a pris la bonne décision en jetant son équipement, Leduc roule dans le parc de La Vérendrye, revoyant les unes après les autres toutes ces belles expériences que le hockey lui aura tout de même permis de vivre. Les yeux humides, le regard fixé sur la route sinueuse, il file entre les lacs et les montagnes. Il continue de revoir son parcours dans le hockey mineur tout en se disant que son départ retentissant fait sans doute déjà jaser à Rouyn. En ce moment, la plupart des joueurs qui sont encore là ainsi que les journalistes doivent probablement se dire que son renvoi s'avère une flagrante injustice ou une gaffe monumentale de la part de la direction. Peu importe, il se sent curieusement délivré et n'éprouve pas le moindre regret. Au contraire, un sentiment de plénitude l'envahit.

En fait, presque personne ne parle de Zachary Leduc. Son nom a certes été évoqué par association, car en jasant entre eux, les joueurs ont découvert que leur directeur général avait ouvertement garanti des postes à trois autres joueurs qui ont aussi été retranchés. Dans chacun des cas, Lafrenière n'a pas assisté à la rencontre avec l'entraîneur-chef.

L'autobus part en direction de Val-d'Or en prévision du dernier match préparatoire avant les coupures finales. À ce stade-ci, c'est chacun pour soi. Il reste encore seize candidats pour la dizaine de postes libres et nul ne sait ce que Caisse peut mijoter. Félix sera du nombre des quelques vétérans de la formation pour cet affrontement face aux Foreurs. À sa grande surprise, il se retrouve avec Penosway et un autre joueur invité qui devrait être retranché dans quelques heures lui aussi. Le gars se nomme Patrick Fréchette, et plusieurs se demandent pourquoi on ne l'a pas déjà retourné à la maison puisqu'il ne fait que cinq pieds six pouces. Tous s'entendent pour dire qu'il y a suffisamment de joueurs de petit gabarit à Rouyn-Noranda.

Bien qu'il ne soit pas très grand, Fréchette pèse tout de même cent soixante-seize livres et il a terminé la dernière saison au premier rang des pointeurs de son club midget AAA, les Gaulois du Collège Antoine-Girouard de Saint-Hyacinthe. Il s'agit d'un bel honneur que personne ne peut lui ôter malgré ses dix-sept ans. Ce circuit compte principalement des hockeyeurs de quinze et seize ans. Massif et costaud, Fréchette ne possède pas le physique d'un joueur de hockey typique de son âge et c'est pour cette raison que son ancien entraîneur l'avait amicalement surnommé «le Petit Baril de poudre».

«Il est *shapé* comme un tonneau et personne ne s'en méfie. Son centre de gravité est bas, alors quand il frappe, c'est souvent l'adversaire qui tombe. Ça fait *bang* et il ressort du coin avec la rondelle, à la surprise générale! C'est certain que les gars sont beaucoup plus lourds dans la LHJMQ, cependant je pense qu'il sera capable de jouer de la même façon contre des hommes de dix-neuf ou vingt ans. Il faut que Pat améliore son éthique de travail, car à Saint-Hyacinthe, j'avais de la difficulté à l'envoyer au gym, mais avec un gars comme Richard Caisse, je pense qu'il va trouver le chemin plus facilement!» avait déclaré Sunny Beaulieu, l'entraîneur des Gaulois, dans un texte sur les joueurs susceptibles de brouiller les cartes, publié à l'ouverture du camp dans le journal *La Frontière*.

Si Caisse a retranché Leduc en raison de son âge, il serait plus qu'étonnant qu'il garde le petit Fréchette qui jouera également sur l'année de ses dix-huit ans cette saison.

Même si le pointage final de cette partie préparatoire à Val-d'Or ne revêt aucune importance, les Huskies l'emportent tout de même quatre à deux alors que quelques recrues ressortent du lot. Jouant en compagnie des deux Tchèques qui disputent enfin leur première joute en Amérique, Adam Bourbonnière a offert une autre solide performance tandis que Lukas Denommé a démontré plus d'aplomb en défensive tout en continuant de s'avérer menaçant à l'attaque.

Pour sa part, Félix a profité de cette rencontre face aux Foreurs pour enfiler son premier filet du calendrier présaison quand il a mis la touche finale à un jeu amorcé par ses deux compagnons de trio à la suite d'une mise en échec de Fréchette qui a provoqué un revirement en territoire ennemi. Penosway a récupéré la rondelle libre, décoché un bon tir et le numéro 57 a tout simplement capté le rebond pour facilement loger le disque dans une cage abandonnée. Ça a été une de leurs seules menaces et, pour le reste, Félix a trouvé la soirée plutôt longue aux côtés de ses deux ailiers qui, selon son évaluation, ne sont pas de calibre pour la LHJMQ. Le jeune vétéran de dix-sept ans a cependant adoré les deux présences qu'il a effectuées à la pointe en supériorité numérique avec Denommé. Son club n'a pas réussi à marquer avec l'avantage d'un homme, mais le défenseur recrue et lui ont généré quelques occasions de qualité que les attaquants n'ont malheureusement pas été en mesure de concrétiser. Les Huskies ne marqueront pas de buts facilement cette année.

Sur le chemin du retour, assis au milieu de l'autobus, Félix écoute paisiblement de la musique tout au long de l'heure et quart de route qui sépare les deux plus grandes villes d'Abitibi. L'an passé, à la même date, il aurait été incapable de relaxer tellement il était nerveux à quelques heures des dernières coupures. Peu de temps avant l'arrivée, il se redresse et se met à discuter avec ses voisins :

— Si tu veux présenter des filles aux gars, cette année, faudra que t'ailles les recruter à la garderie, lance Félix sur un ton plutôt découragé au vétéran défenseur Allan Lavoie, assis à côté de lui.

— Je vais la rire quand on m'aura confirmé que je fais le club. Toi, t'es tranquille, Riopel. C'est clair que ça roule pour toi cette année. *Anyway*, je t'en présente plus, de filles, Rippy. L'an passé, je t'ai mis la table pour que tu sortes avec Bianka Vachon et t'as même pas été foutu de *scorer* dans un filet désert !

— J'avais une blonde. Ça compte pas !

À côté d'eux, les gars rigolent…

À l'avant, Richard Caisse et ses adjoints délibèrent en catimini. Pour eux, c'est le début d'une longue nuit, car il y a plus de postes à combler que de joueurs de bon calibre. C'est l'inévitable prix à payer pour s'être forgé un club de vétérans dans le but de remporter la Coupe Memorial la saison dernière. C'est un processus ingrat que l'entraîneur-chef connaît bien pour l'avoir expérimenté à maintes occasions depuis le début de sa longue carrière dans la LHJMQ. C'est l'implacable loi du hockey junior et les formations qui souhaitent aller jusqu'au bout n'ont d'autre choix que de mettre tous leurs œufs dans le même panier pour ensuite repartir à zéro.

La saison qui s'amorce sera donc très difficile, mais d'autre part, tous les joueurs vont progresser énormément. Et, en théorie, les choses se corseront encore plus après les transactions du temps des fêtes alors que Dany Lafrenière devrait se débarrasser des vétérans de dix-neuf ans. Pour une franchise en reconstruction comme les Huskies, l'objectif demeure toujours de concocter un échange qui aidera l'équipe à devenir compétitive à long terme. Le directeur général qui se retrouve dans cette position précaire essaie de liquider des actifs qui apportent un impact immédiat pour aller chercher en retour un espoir ou même un choix au repêchage qui fera gagner sa formation au cours des deux ou trois années à venir. Et ce n'est pas une gymnastique aisée que de trouver un juste équilibre entre bâtir pour l'avenir sans croupir trop longtemps dans les bas-fonds du classement général. Habituellement, les organisations juniors construisent pour se donner une chance de gagner tous les trois ans.

— Penosway, c'est à ton tour. Le coach veut te voir dans son bureau, crie Chico sans mettre de gants blancs. Simon Gauvreau, t'es le suivant, qu'ils font dire.

En poste depuis une quinzaine d'années, le préposé à l'équipement en a vu parader, des joueurs de hockey, à Rouyn-Noranda. Il voit tout, il entend tout et il sait tout. D'un commerce agréable avec les jeunes, il se contente de faire son boulot sans se mêler de ce qui ne le concerne pas, affichant souvent un étrange détachement face à tout ce qui touche la régie interne des Huskies. Affairé à couper le manche d'un de ses bâtons, Félix se dit que Chico n'était pas obligé de crier comme ça. Il aurait pu donner une tape sur l'épaule de l'Indien et il aurait compris. Pas besoin de faire savoir à tout le monde que l'heure de la potence vient de sonner pour lui.

— Je peux-tu garder les deux bâtons que vous m'avez fournis pour la *game* d'hier à Val-d'Or ? demande timidement le hockeyeur d'origine algonquine.

— T'es ben le premier qui me demande la permission ! D'habitude, les gars se poussent sans poser de questions. Va voir le coach pis je vais t'arranger ça après.

Penosway dépose les deux bâtons sur sa poche d'équipement, jette sa gomme à mâcher, prend une grande inspiration, expire et se dirige vers le local des entraîneurs. Même s'il sait ce qui l'attend, il se sent malade de nervosité. Afin de gagner du temps et comme il n'a pas tellement envie de se faire énumérer tous ses défauts en plein visage, il a déjà prévu un scénario aussi efficace qu'expéditif. C'est lui qui prendra les devants et il s'en ira avec ses souvenirs et son petit bonheur.

— Merci, coach, je suis content d'être resté et de pas avoir suivi mon chum Ricky au début du camp! J'ai vécu la plus belle expérience de ma vie en jouant une *game* hors concours dans le junior et je vais toujours me souvenir d'avoir eu cette chance-là, lance-t-il d'un trait dans l'embrasure de la porte sans même prendre la peine d'entrer.

— Entre donc, ferme la porte et assieds-toi. Bon. À ton avis, qu'est-ce qui te manque pour pouvoir jouer dans cette ligue-là ? demande Caisse au jeune pendant qu'il s'approche de la seule chaise libre.

— Du patin, beaucoup d'expérience... pis je suis pas en forme comme les autres gars du camp, répond-il en regardant le sol.

— Ton évaluation est bonne. C'est vrai que t'es pas en forme. T'as le deuxième plus haut taux de gras de toute la gang. Mais c'est pas ton plus gros problème. Ton pire défaut comme joueur de hockey, et ça doit être un défaut dans ta vie aussi, c'est que t'as pas confiance en toi. T'es pas en *shape* et tu crois pas en toi. Comment veux-tu que moi je croie en toi ? En plus, tu dis des conneries, ajoute-t-il. T'as de la misère à suivre pis tu vas dire aux journalistes que tu pensais que le calibre du hockey junior serait plus fort que ça.

— Excusez-moi, pourtant c'est vrai que je pensais qu'il serait plus fort, répond le jeune homme, poliment mais fermement. J'imaginais que c'était une ligue inaccessible pour moi. Si je m'étais entraîné comme eux, j'aurais peut-être été capable de suivre.

— Je vais te dire la vérité, Penosway. Y a une couple de jours, je m'enlignais pour te renvoyer chez toi. Sauf qu'y a quelque chose qui m'intrigue chez toi. T'as un maudit beau talent pis je me demande si ça vaut la peine d'essayer de te montrer à jouer au hockey. C'est une business ici, on doit gagner, on veut pas niaiser pis perdre notre temps. Même si ça fait quelques années que je vis en Abitibi, je viens de Montréal pis je connais rien aux Indiens. Je te *bullshiterai* pas, tout le monde me dit que vous êtes pas fiables, déclare Caisse calmement, appuyant ses avant-bras sur son bureau en joignant les mains. Les gars à qui j'ai parlé de toi m'ont tous dit de te retrancher. Y m'ont dit que c'était impossible que ça fonctionne avec un Indien. Y m'ont dit que vous êtes des paresseux, que vous suivez pas les consignes, que vous respectez pas l'autorité, que vous êtes jamais à l'heure, que vous buvez comme des trous… Y en a pas un seul qui m'a dit que c'était une bonne idée de te donner une chance.

Malheureusement, Loïc sait que ce que Richard Caisse vient de lui déballer reflète l'opinion d'une partie de la population. Par contre, c'est la toute première fois de sa vie que quelqu'un le lui balance en pleine face. Il n'a pas besoin de se faire insulter et humilier plus longtemps. C'est assez évident qu'il n'y a pas de place pour lui avec les Huskies.

— C'est beau. J'ai compris. Pas besoin de répéter ces saletés de stéréotypes et de me chier dessus, dit-il en se levant pour quitter le bureau de l'entraîneur.

— Attends un peu, Penosway. Y m'ont tous dit aussi que les Indiens abandonnaient toujours devant le moindre obstacle, continue Caisse. Mais toi, t'es resté quand ton chum est parti. T'es resté aussi quand je t'ai ramassé devant tout le monde pendant un exercice de patin… Pourquoi ?

— Pourquoi vous me dites toutes ces affaires-là ? Vous pourriez juste me couper comme tout le monde à la place.

— Pourquoi t'es resté, Penosway? demande à nouveau Caisse sans s'occuper de ce que le jeune vient de lui dire.

— Parce que j'ai toujours joué pour le fun pis que j'ai toujours été le meilleur de ma ligue. Pis c'est la même affaire au parc… même quand y a des joueurs du AA. Quand votre dépisteur m'a invité, les gars de la réserve ont tous dit que j'étais stupide de venir à Rouyn pis que je me ferais couper la première journée. Même si je pensais qu'ils avaient probablement raison, j'ai voulu tenter ma chance pour leur montrer que c'est pas parce qu'on est un Amérindien qu'on n'est pas capable de jouer junior. J'allais pas lâcher parce qu'un bonhomme me criait après.

— Rassieds-toi deux minutes, lui ordonne Caisse aimablement. Moi, je m'en sacre que tu sois Indien, Russe, Suédois ou Hawaïen. Je te répète juste ce que tout le monde raconte.

— Vous l'avez déjà dit, ça, monsieur, rétorque Loïc qui n'a plus aucune idée de ce que son vis-à-vis attend de lui. Je sais ce que les gens pensent de nous.

— Ça te tente-tu de leur montrer qu'ils sont dans le champ ?

— Pas besoin. Je joue pour moi, pas pour les cancans du monde. Je sais ce que je vaux et les autres peuvent bien croire ce qu'ils veulent, je m'en sacre.

— T'es gros, t'es fort, t'as des mains vraiment habiles pis une méchante bonne *shot*. C'est des choses qui s'apprennent pas, ça. Si t'es capable de prendre un engagement avec moi, je suis prêt à essayer de faire un joueur de hockey avec toi, propose Caisse en se levant de sa chaise. Ton chum, celui qui est parti, toute sa vie il va se demander ce qui aurait pu arriver s'il était resté. La chance que je t'offre, c'est une chance qui risque de changer ton existence si t'es prêt à me jurer, ici aujourd'hui, que tu vas avoir une attitude exemplaire. Je veux dire que tu vas suivre tous les règlements, que tu vas te défoncer au travail, que tu vas fermer ta gueule, que tu vas être positif et agir en bon coéquipier. Si tu fais ça, je te garde dans mon club parce que j'estime que tu peux devenir un beau projet. Si y a une petite affaire de croche, je te jette dehors à coups de pied dans le cul.

— J'ai juste à dire « oui » pis vous me prenez avec les Huskies ? demande Penosway, un peu désorienté.

— Oui... Mais tu joueras pas avant un bon bout de temps. Faut que tu te mettes en forme et que tu comprennes bien comment jouer la *game*. Après ça, dans un mois ou deux seulement, peut-être que tu vas jouer. Je vais t'expliquer une affaire... Si je te garde, je vais répéter aux journalistes ce que je t'ai dit y a deux minutes. Je vais leur dire ce qu'on m'a raconté sur les Indiens et qu'on m'a traité de fou de te garder. Si tu deviens un bon joueur, je vais passer pour un génie pis un maudit bon gars. Si t'agis en imbécile et que je te mets à la porte, les gens vont dire que j'ai été un peu naïf d'avoir voulu donner une chance à un Indien. Ils vont dire que c'était normal que tu flanches et tu vas prouver à tout le monde que c'est vrai finalement que vous êtes une gang de pas fiables. Donc, prends une quinzaine de minutes pour réfléchir avant de me donner ta réponse. Si tu dis oui, ça va te demander beaucoup d'efforts et je suis pas certain que tu sois prêt à faire tous ces sacrifices.

— Je peux-tu prendre une heure ? C'était pas prévu que je reste et j'aimerais ça parler à mon père pour voir s'il est d'accord. J'étais juste parti pour une semaine avec Ricky pis là je m'enlignais pour retourner sur la réserve en faisant du pouce. C'est plus pareil si je passe l'hiver ici, ça me prend sa permission avant de dire oui.

— Non. Je te donne trente minutes maximum, car j'ai d'autres décisions à prendre et je dois avoir ta réponse le plus tôt possible. Tu diras à tes parents que si tu restes, les Huskies vont te prendre en charge, comme c'est le cas pour tous les joueurs. On s'occupe de ta pension, on te donne un petit salaire de quarante piastres par semaine, deux billets à chaque partie et on paye tes dépenses d'école... si tu vas à l'école. Pis va falloir que tu te trouves des vêtements plus propres.

À peine cinq minutes plus tard, lorsque Simon Gauvreau sort du bureau les larmes aux yeux, Penosway s'y faufile rapidement pour confirmer qu'il accepte de relever le défi que Richard Caisse lui a proposé.

Comme prévu, l'étonnante sélection de Loïc Penosway décontenance tous les experts, qui se régalent toutefois de son histoire. Les journalistes sportifs affectionnent grandement ce genre de conte de fées qui met en vedette des athlètes ayant dû surmonter maintes embûches sans perdre espoir. Le témoignage du jeune Algonquin qui jouait midget CC il y a moins de cinq mois suscite énormément d'intérêt, mais soulève aussi plusieurs points d'interrogation quant au peu de profondeur de l'équipe à l'attaque.

Patrick Fréchette défraie également la chronique sportive. Si tous avaient reconnu son talent, aucun n'avait osé prédire que Richard Caisse allait lui donner une véritable chance. L'émergence de plusieurs petits joueurs dans la LNH a peut-être fait réaliser à l'entraîneur-chef des Huskies que le hockey est en mutation. En tout cas, le moins que l'on puisse dire, c'est que Caisse déroge à sa philosophie habituelle. Découragé, Félix envoie un message texte à Carl.

Les coupures sont finies. C'est la catastrophe. On a un Indien qui jouait midget CC l'an passé, un nain de 5 pieds et un déf de 16 ans qui se prend pour Kris Letang et qui va jouer 20 min/game.

Qu'est-ce que t'as contre les gars midget CC? ☺

Après 1 an midget CC, t'as abandonné le hockey pour faire de la musique. Tu joues pas LHJMQ pis t meilleur que l'Indien. Sérieux, on va se faire rincer toute l'année. Les dépisteurs NHL viendront même pas ns voir jouer. Comment vx-tu que je me fasse drafter si je joue avec des bouffons? wtf

6

Début de saison laborieux

Abasourdi et découragé comme la majorité de ses coéquipiers vétérans, Félix n'a guère le choix de respecter les décisions de l'entraîneur-chef même s'il ne les comprend pas toutes. Une fois le choc passé, en procédant à son analyse personnelle des nouveaux joueurs de l'équipe, il réalise que la situation est beaucoup moins dramatique qu'il ne l'avait évalué. Il ne faut certes pas s'attendre à des miracles. Cependant, les Huskies miseront sur des effectifs qui pourraient leur permettre de se bagarrer avec au moins la moitié des dix-sept équipes de la LHJMQ. Il demeure utopique de croire qu'ils pourront rivaliser avec les meilleures formations du circuit telles que Cap-Breton, Rimouski, Québec ou Chicoutimi, mais certains soirs, ils causeront certainement des surprises si les nouveaux venus se développent et s'adaptent rapidement.

Si Félix voit les choses de façon plus positive, c'est aussi parce que, dès le premier entraînement, il a constaté qu'il est le pivot du premier trio comme il l'avait prévu et comme Caisse le lui avait laissé entendre à la fin de l'été, au téléphone. Avec Dylon Vanelli à sa droite et Adam Bourbonnière à sa gauche, il pourrait parvenir à amasser passablement de points si une bonne chimie s'installait entre eux. Le deuxième trio sera aussi assez bien nanti avec les Tchèques Roman Slavik et Zdenek Jedlicka qui joueront en compagnie de Mathieu Archambault. Ce dernier a connu une saison intéressante l'an passé, malheureusement, il n'a pas fait assez bonne impression pour être sélectionné par une équipe de la LNH. Pourtant, son nom figurait sur la liste de la centrale de recrutement du circuit. Leader silencieux, Archambault est celui que Richard Caisse a choisi pour succéder à Marc-Olivier Laflamme comme capitaine. Félix, qui rêvait secrètement de se retrouver avec le « C » sur son chandail, aurait lui-même voté pour Archy s'il y avait eu un scrutin auprès des joueurs.

Les vétérans Raphaël Bouchard et Murray Wilkinson se retrouvent pour leur part sur le troisième trio avec un certain Scotty Bird, un gars des Maritimes âgé de dix-sept ans, choisi l'année précédente. Mathis Lecours, qui est également de retour, joue pour l'instant sur la dernière unité avec Patrick Fréchette et Peter Skerritt, un attaquant de dix-neuf ans au talent très ordinaire, originaire de Saskatoon et qui évoluait dans le junior A, dans l'Ouest.

Félix continue de penser que Zachary Leduc aurait manifestement été plus efficace que Bird, Penosway, Fréchette et surtout Skerritt qui, lui, en plus, vient tout simplement voler la place d'un joueur du Québec ou des Maritimes. En fait, à l'attaque, Bourbonnière et les Tchèques demeurent les seules recrues capables de se débrouiller dans la ligue, selon lui. Les quatre autres ne sont réellement pas de calibre et ils auraient immanquablement été retranchés parmi les premiers l'an passé. Il faut tout de même avouer qu'avec son coup de patin explosif et son style de jeu fougueux, Fréchette amène une énergie contagieuse. Félix aura amplement le temps d'apprendre à le connaître, car c'est lui qui a été désigné pour venir vivre chez la famille Casault.

En raison de son physique et parce qu'il est assez tranquille, voire un peu introverti, Fréchette ne présente pas du tout le type habituel du joueur de hockey junior. Félix aurait souhaité partager sa pension avec quelqu'un de plus enjoué sauf que, lorsqu'il regarde la liste des nouveaux, il est clair qu'il aurait facilement pu trouver pire… comme Denommé, Penosway ou même Loiselle, qui en est déjà à sa troisième famille d'accueil.

— T'es pas mal gentil de m'accepter dans ta pension, Félix, lance Fréchette en déposant sa valise dans la petite chambre du sous-sol. Je vais te dire que j'avais peur de me retrouver avec Denommé ou Loiselle. Je les trouve vraiment fendants, ces deux-là. C'est encore pire quand ils sont ensemble.

— Me remercie pas. Je suis bien content de plus être tout seul ici, mais c'est pas comme si j'avais eu un mot à dire dans la décision des Huskies. En plus, vu qu'on est deux, le soir, on va pouvoir se faire des *games* de NHL au Xbox ! L'année passée, la fin de semaine, quand on jouait pas, Éric Boisvert ou Marc-Olivier Laflamme organisaient des tournois à leur pension. C'était écœurant, *man*, des fois on était douze ou treize. Ça faisait des méchantes belles journées. Aussi, des fois, on se faisait des tournois de Texas Hold'em, des *games* à cinq ou dix piastres, rien pour se ruiner. Sinon, l'hiver, on se rejoignait une gang pour jouer au hockey au parc.

— Je tripe pas trop Xbox. Je joue un peu sauf que je suis pas assez maniaque pour faire des tournois, le samedi ou le dimanche, pendant toute la journée. Pis je joue pas aux cartes, surtout pas à l'argent.

— Si t'aimes les quilles, monsieur et madame Casault sont dans une ligue et ils m'ont invité au moins cent fois à aller jouer avec eux !

— T'es drôle, Riopel ! Laisse-moi placer mes affaires, pis même si je joue pas souvent au Xbox, je vais te sacrer une volée au golf avant de souper !

— Je peux pas croire que la saison commence dans deux semaines. On sera jamais prêts à temps avec cette gang-là, soupire Richard Caisse en se laissant tomber dans sa chaise. J'en reviens pas que t'aies pas été capable d'aller nous chercher au moins deux ou trois joueurs d'expérience, lance-t-il en regardant Dany Lafrenière appuyé contre le mur dans le coin de son bureau.

— Je te l'ai déjà dit, Rick, les gars qui étaient disponibles étaient pas meilleurs que ceux que t'as en ce moment. En plus, oublie pas qu'on a des jeunes qui ont du caractère, se contente de répondre le directeur général sans lever les yeux de sa tablette électronique.

— Je regarde ça et je me dis que dans même pas deux ans, on devrait être en voiture, intervient Denis Gariépy, le dépisteur en chef. Denommé va être un quart-arrière, Loiselle va te jouer une trentaine de minutes par partie contre les gros trios, Riopel et Bourbonnière vont te ramasser une centaine de points chaque, les Tchèques vont être très bons, pis on devrait être pas pires devant le filet aussi. En attendant, pour boucher des trous, tu vas voir que Fréchette et Penosway vont faire la job.

— T'as raison, Denis, réplique Caisse sans enthousiasme. Sauf que je me demande si l'Indien pis le petit Fréchette sont pas un peu fragiles entre les deux oreilles. Jusqu'ici, je peux rien leur reprocher, mais va falloir qu'ils s'améliorent pour être encore ici après Noël. C'est la première fois de toute ma carrière que je garde les deux gars qui ont le plus haut taux de gras du camp ! Ça vous donne-tu une idée à quel point on est dans le trouble cette année ? Je pense que je vais te téléphoner souvent pour avoir des nouvelles des *kids* qui sont retournés au midget AAA !

— Y a une affaire qu'il faut que tu comprennes avec Penosway, renchérit le recruteur. Les Indiens ont pas la même mentalité que nous. Si tu sais comment t'y prendre avec lui, je te jure que ça va être une maudite belle surprise. Les Indiens, c'est comme les Russes du Canada. Y a quelque chose dans leurs gènes qui fait que ce sont des athlètes exceptionnels, mais il faut absolument que ça leur tente. T'as été chanceux qu'il sacre pas son camp l'autre jour quand tu l'as fait patiner à le rendre malade. J'étais sûr qu'on le reverrait pas le lendemain matin. Sais-tu de quoi ça a l'air, la vie sur la réserve à Lac-Simon ?

— Je sais même pas c'est où !

— C'est à une bonne trentaine de minutes de Val-d'Or, continue Gariépy. Ça fait une couple d'années que j'essaie d'emmener des joueurs de la réserve au camp, mais c'est la première fois qu'il y en a qui me disent oui. En général, y a pas beaucoup d'avenir pour ces jeunes-là. C'est une autre vie sur la réserve, enchaîne-t-il sous le regard intéressé de Caisse et de ses adjoints. Ils vivent à sept, huit ou même dix par maison avec les grands-parents, les oncles, les tantes, les cousins, les cousines. Les trois quarts des *kids* finissent pas leur secondaire, il y a beaucoup d'alcoolisme, des fugues, des bagarres pis c'est presque normal là-bas. Tout le monde le sait, bien que personne en parle parce que c'est tabou pis que les gens ont déjà des idées arrêtées sur les Indiens. J'ai jasé trois ou quatre fois avec Penosway pis son chum Papatie et je les aimais beaucoup, ces deux-là, parce qu'ils voulaient se servir de leur talent au hockey pour essayer de devenir des modèles pour les Algonquins de Lac-Simon. C'est du bon monde, les Indiens. Le problème, c'est qu'ils font souvent ce qu'ils veulent. S'ils ont pas le goût d'aller à l'école, c'est pas grave. S'il fait trop chaud, ils vont pas à leur *game* de soccer. Ils sont pas habitués à l'autorité et on leur a jamais inculqué le sens des responsabilités. Penosway a été irréprochable, mais je te préviens, sois conscient de tout ce que je viens de t'expliquer parce que si tu presses trop le citron, un bon matin, il va retourner jouer pour le fun avec ses chums.

— Je commencerai pas à avoir des règlements pour le club pis d'autres pour Penosway. Je veux bien croire tout ce que tu me dis, mais va falloir qu'il rentre dans le moule, l'Indien. Jusqu'à maintenant, il suit toutes mes instructions. Hier, il courait dans les marches de l'aréna quand je suis arrivé à sept heures du matin. Y a quelque chose chez ce *kid*-là.

— C'est toi le coach, tu fais ce que tu veux. Par contre, tu vas voir, c'est comme ça avec les Russes. Y a les Russes qui arrivent ici et qui s'américanisent, et les autres qui se mélangent pas et qui sont toujours à part. Avec tous tes contacts au hockey, tu devrais peut-être même téléphoner à des gars qui ont coaché des Indiens avant. Y en a eu des bons en plus dans la Ligue nationale. Vite fait, sans réfléchir, je peux t'en nommer une dizaine. Gino Odjick, Sheldon Souray, Jordan Tootoo, Aaron Asham, Chris Simon… ah oui, Carey Price.

— Tu sais ben que je téléphonerai pas à personne. Je veux bien lui donner une chance, sauf qu'on parle d'un gars de troisième ou de quatrième trio qui bouche un trou pis qui sera peut-être même plus avec nous après les fêtes. Si ça marche pas à son goût, y lâchera pis c'est tout et on fera monter Leduc pour prendre sa place.

— J'ai oublié de te dire ça, Leduc a lâché le hockey, intervient soudainement Lafrenière qui, contrairement aux apparences, écoutait la conversation. J'ai parlé à son père y a trois jours, il est supposé rentrer dans l'armée.

Comme bien d'autres entraîneurs de sa génération, Richard Caisse découpe la saison des équipes qu'il dirige en segments de dix matchs. À la mi-octobre, quand la première portion du calendrier se termine pour les Huskies, sa troupe croupit au dernier rang de la LHJMQ avec un piètre dossier de deux victoires, sept revers en temps régulier et un autre en prolongation pour un maigre total de cinq points. À sa décharge, les champions en titre de la ligue ont disputé sept parties sur dix à l'étranger, dont quatre dans les Maritimes, qu'ils ont toutes perdues.

Dans le but de générer un peu d'offensive, la semaine dernière, le chevronné entraîneur a jonglé avec ses trios et cela a donné des résultats un peu plus encourageants. En réunissant les vétérans, Vanelli, Archambault et Riopel, Caisse a réussi à composer une ligne d'attaque très menaçante. Quand les Huskies affrontent une formation ayant peu de profondeur, cette méthode fonctionne généralement bien. Toutefois, quand il met tous ses œufs dans le même panier contre les bonnes formations, la stratégie est moins efficace : il suffit à l'autre équipe de parvenir à museler le trio de Félix. Après ces dix premières joutes, il évalue qu'il faudra rectifier le tir, car pour espérer gagner sur une base régulière, il faudra d'abord et avant tout resserrer le jeu défensif. Pour y parvenir, il devra inculquer cette façon de jouer à ses troupes.

— C'est en plein ce qu'on avait prévu, chuchote Caisse en se retournant vers son adjoint Pascal Milette. Comme Pat Burns l'a déjà dit dans le temps où il coachait les Bruins: « On peut pas aller à la chasse à l'ours avec un couteau à beurre. » Comment veux-tu gagner quand tu *scores* pas plus qu'un ou deux buts par *game* ?

— Pourtant, on a des *kids* avec de bonnes habiletés, répond l'entraîneur adjoint en murmurant lui aussi pour ne pas se faire entendre par les joueurs assis quelques rangées derrière eux dans l'autobus de l'équipe.

— Sont bons, c'est vrai. Mais sont pas capables de faire la job avec la *puck*. Je sais que c'est un passage obligé, sauf qu'en attendant faut changer notre façon de jouer. Les deux Tchèques virevoltent dans tous les sens et tirent jamais au *net*, Bourbonnière se fait toujours ôter la rondelle, Archambault fait pas de passes depuis que son agent lui a dit qu'il a pas été *drafté* l'an passé parce qu'il avait pas marqué assez de buts, Vanelli est tout croche, le petit Fréchette est bon une *game* sur trois… C'est pas compliqué, à l'avant, y a juste Riopel qui est fiable, soupire Caisse avant de prendre une gorgée de bière alors que l'autobus vient de passer Mont-Laurier et s'engouffre dans le parc de La Vérendrye, en route vers l'Abitibi.

— Le plus surprenant là-dedans, c'est que l'Indien a pas l'air fou, répond Milette qui semble désespérément chercher quelque chose à dire.

— Une chance qu'il a pas l'air fou ! Il a juste joué deux parties pis encore, en faisant des apparitions sporadiques. C'est assez dur de se planter quand t'embarques sur la patinoire cinq ou six fois par match. Quand c'est rendu que le point positif, c'est ton treizième attaquant, c'est que t'es dans le trouble pas à peu près !

Assis au milieu de l'autocar, seul sur sa banquette, Félix est incapable de trouver le sommeil. Pourtant, minuit approche et l'autobus a quitté Victoriaville depuis belle lurette. Le match ayant été présenté en fin d'après-midi, ses coéquipiers et lui sont sortis du vestiaire vers vingt heures, chacun apportant une boîte de poulet ou une petite pizza pour manger à bord. Après avoir englouti leur repas, certains ont fait des devoirs, d'autres ont passé le temps en s'amusant avec des jeux sur leur téléphone ou en visionnant des films sur leur ordinateur portable. Félix regarde autour de lui et presque tous les joueurs dorment. L'une après l'autre, les lumières des bancs voisins se sont fermées jusqu'à ce qu'il éteigne la sienne à son tour, il y a quelques secondes. Maintenant qu'il est également plongé dans l'obscurité, il lui sera peut-être plus aisé de se retrouver dans les bras de Morphée. Sauf que ça semble carrément impossible ce soir. Beaucoup trop d'idées se heurtent dans sa tête.

S'il ne voyait pas tellement d'action l'an passé en début de saison, le scénario est fort différent cette année alors qu'il est utilisé au centre du premier trio et, à l'occasion, à la pointe en avantage numérique. Son temps de jeu est plus que satisfaisant, pourtant ses statistiques sont en deçà de ses attentes personnelles. Après les dix premières joutes de la saison, Félix revendique deux buts et cinq passes pour une récolte de sept points, ce qui le place au premier rang des pointeurs des Huskies. Or, c'est une production nettement inférieure à celle des joueurs de son âge qui alimentent les conversations en vue du repêchage de la LNH, lequel aura lieu dans environ huit mois à Vancouver. Après le revers de quatre à zéro face aux Tigres, Martin Dion, le dépisteur des Kings de Los Angeles dans la LHJMQ, devait le rencontrer pour discuter avec lui. Ils ont effectivement parlé ensemble, sauf que leur entretien n'a duré qu'un bref instant, tandis que Dion a ensuite échangé pendant une dizaine de minutes avec Loiselle et qu'il a même pris le jeune Denommé à l'écart, avant le départ de l'équipe.

Félix essaie de voir le côté positif des choses en se disant qu'au moins une équipe de la LNH s'intéresse peut-être à lui. C'est difficile de se faire une idée, car le recruteur des Kings voulait surtout savoir combien son père mesurait. C'est une question qu'on lui a déjà posée dans le passé et ce n'est pas l'envie qui lui manque chaque fois de répondre qu'il mesurait six pieds huit pouces… mais ce serait un piètre mensonge et une vile exagération d'un pied !

Il pense aussi au dossier de l'agent qui n'est pas réglé, à Carl qui file un mauvais coton parce que Cynthia parle de s'exiler un an en Europe, à Josiane avec qui il échange des messages textes depuis que l'autobus a traversé Montréal et à sa mère, Line, qui aurait commencé à fréquenter un homme de Shawinigan. C'est du moins ce que sa sœur Véronique suppose. Il souhaite bien qu'elle se trompe ; c'est égoïste, mais il se refuse obstinément à imaginer sa mère avec un autre homme que son père. Il réfléchit à ses cours de sciences humaines au cégep. Il trouve ça inutile d'étudier alors qu'il n'a aucune idée du métier qui pourrait l'intéresser advenant le cas qu'il ne soit pas capable de gagner sa vie grâce au hockey. Il songe aussi à Patrick Fréchette qui demeure maintenant avec lui chez les Casault. Quel gars bizarre ! Déchaîné et intense sur la patinoire, il se montre sous un jour tellement différent en privé. Renfermé et discret, il passe le plus clair de son temps dans sa chambre à étudier ou à communiquer avec ses amis de Drummondville sur Skype ou Facebook. Mais la saison est encore jeune et il parviendra peut-être à s'intégrer au groupe s'il réussit à sortir de sa coquille.

Cette saison, un voyage en Abitibi est pratiquement devenu une sortie touristique pour les formations de la LHJMQ qui se déplacent à Val-d'Or et Rouyn-Noranda sans trop de pression. Pendant que les Huskies s'enlisent dans les bas-fonds du classement général, les Foreurs déçoivent les partisans autant que les experts. Affligés par les blessures, ils éprouvent énormément de difficulté à accumuler les victoires, à tel point que des rumeurs circulent voulant que Raymond Cantin puisse devenir le premier entraîneur-chef à perdre son poste cette saison dans le circuit.

À Rouyn-Noranda, le réputé Caisse demeure bien en selle et, pour l'instant, aucune critique n'a été formulée publiquement à son égard puisque les journalistes autant que les amateurs comprennent que les finalistes de la Coupe Memorial traversent une pénible et incontournable année de transition. Ils ne se montrent toutefois pas aussi cléments avec certains porte-couleurs des Huskies. C'est le cas de Félix qui, pour la première fois de sa jeune carrière, est occasionnellement montré du doigt pour les insuccès du club. L'an passé, à seize ans, il jouissait d'une certaine immunité auprès des médias abitibiens et des partisans. Cette saison, on s'attend à ce qu'il livre la marchandise et, comme il y a pénurie de marqueurs au sein de la formation, les projecteurs sont fréquemment tournés vers lui alors que l'on se veut habituellement très indulgent envers les défenseurs Cédrick Loiselle et Lukas Denommé, pourtant les choix de première ronde des deux dernières années.

AbitibiExpress.ca – SPORTS

Félix Riopel fera-t-il le poids ?

> *Sensationnel en fin de saison, en séries éliminatoires et au tournoi de la Coupe Memorial à Kitchener, Félix Riopel n'a pas retrouvé sa touche magique du printemps dernier. Le jeune hockeyeur originaire de Louiseville démontre actuellement qu'il a sans doute profité du talent de certains vétérans comme Dmitri Kovtawsky ou Marc-Olivier Laflamme pour accumuler de bonnes statistiques offensives l'an passé. Un joueur de son gabarit doit présenter de meilleurs chiffres s'il veut attirer le regard des dépisteurs de la LNH. Ceux-ci le voyaient pourtant dans leur mire à Kitchener, où il avait démontré de fort belles choses pour un jeune de son âge. N'était-ce qu'un simple feu de paille ?*

En ce jeudi matin de la fin du mois d'octobre, lorsqu'il lit ce texte publié par Gabriel Gauthier sur le site Web du journal *L'Abitibi Express*, Félix fulmine. « Heureusement que les dépisteurs de la

LNH ne prêtent aucune attention à ce genre de torchon», se dit-il. Ce journaliste de région qui ne sait probablement même pas patiner n'a pas été foutu de constater qu'il est devenu très fiable dans le cercle des mises en jeu et que Richard Caisse lui confie même des missions défensives, ce qui n'était pas le cas la saison dernière. Contrarié, Félix décide de ne pas aller au cégep et de se couper du reste du monde pour ne pas avoir à se justifier auprès de ceux qui pourraient aborder le sujet.

À l'aréna, c'est un peu une règle non écrite : personne ne discute ouvertement de ce qui se dit ou s'écrit dans les médias, surtout quand ce sont des histoires négatives. Outre Loiselle qui lui offre un étrange sourire à son arrivée, aucun coéquipier ne fait allusion aux commentaires de Gauthier. Avec les défaites qui s'empilent, l'ambiance est déjà plutôt morose. Ce n'est certainement pas le temps de semer la zizanie dans le vestiaire.

Par contre, une fois sur la glace, alors que tout le monde tourne en rond pour s'échauffer tranquillement avant que la séance d'entraînement débute officiellement, Caisse fait signe à Félix de s'approcher pour patiner près de lui. Cette invitation le surprend encore plus que sa lecture matinale, car l'entraîneur-chef ne lui a pratiquement pas adressé la parole depuis le premier jour du camp.

— As-tu lu le blogue de Gauthier à matin sur Internet ? lance Caisse en guise de bienvenue.

— Ouin… J'ai vu ça en me levant, se contente de répondre Félix en faisant la moue.

— Qu'est-ce que tu penses de ce qu'il a écrit ?

— Ça me fâche, mais il a raison, faut que je trouve un moyen d'en donner plus. On *score* pas de buts pis même si je fais mon possible, c'est pas assez.

— *Bullshit.* C'est n'importe quoi, son texte, répond Caisse en serrant les dents. Faut pas que tu te laisses déconcentrer par des conneries comme ça. Gauthier a remplacé quelqu'un cet été à Montréal et maintenant il se prend pour le *king* du hockey junior en Abitibi ! Tu as une très bonne saison jusqu'à présent et je suis satisfait de ton travail. Considères-tu que tu es un meilleur joueur qu'il y a un an à la même date ? demande Caisse à la grande surprise de Félix, qui hésite longuement avant de répondre.

— Oui… Je dirais que je suis plus mature dans mon jeu et plus fort dans mes batailles un contre un.

— T'es moins niaiseux aussi. L'an passé, tu nous donnais une chance de marquer, mais tu nous en coûtais une trente secondes plus tard. L'important, c'est que t'arrêtes jamais de t'améliorer. Ce qui compte, c'est pas où tu es aujourd'hui, mais où tu vas être dans un an d'ici. Peut-être qu'aujourd'hui y a des gars qui sont meilleurs que toi et qui vont se faire *drafter* au mois de juin et que toi, personne va te repêcher. Mais peut-être que dans un an, tu seras meilleur que certains de ces joueurs-là parce que t'auras pas encore plafonné. Je te dis ça parce que les statistiques individuelles, je m'en sacre royalement. Ce que je veux, c'est de l'effort, de l'amélioration et de la constance, pis c'est ce que tu fais depuis le jour un du camp. Les *scouts* recherchent les mêmes affaires. Je le sais que ça te fatigue, mais arrête de penser à tes stats. Essaie juste d'être plus intense dans ton jeu… plus fâché un peu !

Tout en continuant de patiner en parallèle avec son entraîneur, Félix se demande s'il doit répondre quelque chose. L'intervention de Caisse le laisse complètement pantois, car habituellement, quand il le rencontre, c'est pour le semoncer, pas pour l'encourager.

— Ah pis, fais comme si de rien n'était avec Gauthier ! C'est important qu'il continue de croire qu'on lit jamais les conneries qu'il écrit, conclut Caisse avant de donner un coup de bâton sur ses jambières, signe que la conversation est terminée.

7

Rien ne s'arrange

Malgré la patience des dirigeants et des partisans, à l'interne, la situation devient extrêmement pénible dans le vestiaire des Huskies. À la mi-novembre, la troupe de Richard Caisse végète toujours au dernier échelon du classement général avec un pitoyable dossier de cinq victoires, treize revers et deux défaites en période de prolongation pour douze points en vingt rencontres. La bonne nouvelle, c'est que malgré les déboires répétés de l'équipe, Rouyn-Noranda demeure relativement près de la seizième position, dernière place permettant d'accéder aux séries éliminatoires.

Pour fouetter ses troupes et ainsi garder tout le monde sur le qui-vive, le réputé entraîneur brasse encore les cartes et effectue à nouveau des remaniements de trios en vue des deux affrontements du week-end qui auront lieu à domicile. En effet,

Rimouski sera à Rouyn-Noranda vendredi soir et, dimanche après-midi, les Wildcats de Moncton seront les visiteurs. Le jeudi après-midi à l'entraînement, une surprise de taille attend Félix lorsqu'il réalise que Pat Fréchette rejoint ses ailiers habituels, Archambault et Vanelli, et que lui-même est muté avec Bourbonnière et Penosway. Cette fois, Félix ne sait plus du tout à quel saint se vouer. Alors qu'il doit désespérément mettre des points en banque, voilà qu'il se retrouve sur le deuxième trio avec deux recrues. Bourbonnière, il peut le comprendre, mais pourquoi le faire jouer en compagnie de Penosway qui n'a participé qu'à trois parties et qui n'a pas endossé l'uniforme depuis une dizaine de jours ?

Caisse a eu la main heureuse en bouleversant ses trios. Contre toute attente, les Huskies amorcent le week-end du bon pied face à l'Océanic. Il n'y a même pas trois minutes d'écoulées à la rencontre quand Rouyn-Noranda prend les devants. Fréchette arrive en trombe en zone de Rimouski. Plutôt que de se débarrasser de la rondelle, il attend au dernier instant et, quand le défenseur Nicolas-Étienne Côté tourne l'épaule pour le frapper, il passe à Archambault qui redirige habilement la rondelle dans le fond du filet. Fréchette se relève en grimaçant pendant que ses coéquipiers viennent à sa rencontre pour le féliciter… et surtout pour vérifier comment il se porte.

— C'est ça, payer le prix! Comprenez-vous? Le plus petit joueur du club vient de payer le prix et on a *scoré*, c'est ça que ça prend pour gagner, crie Caisse à tue-tête alors que les membres du trio retraitent vers le banc en souriant. *Keep going guys*. C'est comme ça qu'il faut jouer pour gagner, renchérit-il en frappant des mains pour encourager ses hommes. La ligne à Rippy, c'est votre tour. *Let's go!*

Disputant une première partie en carrière à domicile, Loïc Penosway compte sur une impressionnante horde de partisans dans les gradins. Ils sont au moins une trentaine réunis pour l'encourager bruyamment. La vie sur la réserve n'est pas toujours rose et voir l'un des leurs porter l'uniforme des Huskies est une énorme source de fierté pour les Amérindiens de Lac-Simon.

Après presque trois mois d'entraînement sous la férule d'un homme exigeant comme Caisse, le jeune Algonquin de dix-sept ans est transformé. Tout aussi déterminé que discipliné, il a mis le paquet autant sur la glace que dans le gymnase, si bien qu'il est nettement plus en forme qu'au début du camp, à la mi-août. Penosway n'est pas un meilleur joueur, sauf qu'à son grand étonnement, Félix doit reconnaître que son coéquipier est en mesure de suivre le rythme. Il possède déjà un bon physique, des mains habiles ainsi qu'un lancer puissant et il reste maintenant à voir s'il sera capable d'améliorer son coup de patin et surtout son sens du hockey, toujours déficient pour l'instant. Or, à son âge, il s'agit d'un défi de taille puisque c'est l'un des atouts les plus importants d'un joueur de hockey de haut niveau. Ce n'est pas donné à tout le monde, dans le feu de l'action, de comprendre, de prévoir et d'exécuter correctement les moindres détails qui font la différence sur une patinoire.

Nerveux pour ce premier match devant parents et amis, Penosway essaie d'en faire trop. Involontairement, il se sort lui-même de la partie en tentant de frapper l'adversaire le plus souvent possible pour impressionner son entraîneur et ses partisans. Comble de malheur, avant la fin du premier engagement, il se fait soutirer la rondelle à deux reprises en tentant une feinte minable en entrée de zone. Heureusement pour lui, il n'y a aucune conséquence grave. Mieux encore, le pointage est deux à zéro en faveur des Huskies après les vingt premières minutes de jeu, Raphaël Bouchard ayant touché la cible à la suite d'un beau jeu de ses nouveaux compagnons de trio, les Tchèques Slavik et Jedlicka.

— Bonne première période, *guys*! lance Caisse avec conviction avant que ses joueurs sautent sur la patinoire pour amorcer la période médiane. Faut qu'on garde ça de même. On continue d'y aller à un seul joueur pour mettre de la pression quand ils attaquent et on les attend en zone centrale. On joue serré dans notre territoire pis on lâche pas notre homme. On a été chanceux en première malgré tous les revirements qu'on a causés. Penosway, te prends-tu pour Patrick Kane ? demande-t-il en levant les bras au ciel tout en souriant. Laisse faire les petits *moves* pis la dentelle. Quand t'as la rondelle, t'as juste le droit de faire trois choses avec : soit tu la passes, soit tu tires au but, soit tu l'envoies dans le fond de la zone. Je te le dis, tu essaies une autre feinte pis tu rejoueras plus de la partie. Denommé pis Loiselle, si vous êtes plus capables de pogner le *net* avec un lancer frappé, prenez un tir des poignets, enchaîne-t-il en levant le ton cette fois. Ça a vraiment l'air compliqué à comprendre, ça, pour vous deux.

Méthodiques, les gars de Richard Caisse se plient aux ordres de leur entraîneur en se contentant surtout de se replier patiemment pour attendre une brèche dans le jeu de l'adversaire. Au milieu du deuxième tiers, lors d'une supériorité numérique, Félix exploite sa vitesse et se glisse entre deux défenseurs pour enregistrer son cinquième filet de la saison à l'aide d'une feinte déconcertante qui lui vaut de chaleureux applaudissements. Après quarante minutes de jeu, les Huskies dominent l'Océanic trois à zéro.

Avec une telle avance, Penosway se permet une petite fantaisie au début du dernier engagement. Employé sur une base régulière depuis le début de la partie, l'Amérindien se sent plus à l'aise. Lors d'une descente à trois contre deux, Félix feint une passe transversale sur sa gauche vers Bourbonnière. Les deux défenseurs se compromettent, il en profite pour remettre doucement derrière lui à Penosway qui s'amène en retrait. Félix coupe au filet pour faire dévier le tir ou prendre un retour, mais son coéquipier décide de ne pas dégainer. Quand un défenseur des Nics se précipite vers lui, Penosway ramène la rondelle sur son revers, tourne ses épaules, évite l'ennemi habilement et décoche un lancer que le gardien ne verra jamais, sa vue étant voilée par le petit numéro 57.

C'est l'hystérie dans la section où se retrouvent les gens de la réserve. Plutôt que de sauter dans les bras de son compagnon de trio, Félix récupère la rondelle, amusé de voir les Algonquins brandir fièrement affiches et drapeaux de la nation anishnabée.

— *Nice goal, man*, lui dit Félix en lui donnant une taloche sur l'épaule une fois rendu au banc. J'ai ramassé ta rondelle ! C'est Chico qui l'a. Te rends-tu compte que pour le reste de ta vie, tu pourras dire au monde que Félix Riopel a préparé ton premier *goal* junior ! C'est pas rien, ça !

Alors que l'annonceur maison confirme le premier but en carrière de Loïc Penosway sous des applaudissements nourris, Caisse s'approche de celui qui vient de porter le pointage à quatre à zéro.

— On a-tu un *deal*, nous deux ?

— Pardon ? De quoi vous parlez, coach ? demande le jeune Amérindien, médusé.

— Me semble que je t'ai déjà expliqué que tu devais écouter toutes mes directives, sinon je te retournais à Lac-Simon.

— Oui, coach. C'est ça, le *deal.* Mais je comprends pas pourquoi vous me dites ça là. Je viens de *scorer.* On a-tu un *deal* qu'il faut pas que je compte des buts ? plaisante Penosway en affichant un petit rictus décontenancé.

— T'es pas vite, hein ? Je t'ai dit que t'avais pas le droit de faire des feintes. C'est pas dans tes options. Qu'est-ce qu'il y a de compliqué à comprendre là-dedans ? insiste Caisse en élevant la voix.

— Ben là, j'ai *scoré,* se contente de répondre Penosway, encore plus perplexe.

— Savoure-le, ton but, parce que tu rembarques pas à soir. Je t'avais averti en plus.

Dérouté, pour un bref instant, le jeune ailier gauche pense à se diriger vers le vestiaire pour se changer et aller rejoindre sa famille dans les gradins. Furieux, il prend une grande bouffée d'air et repense au sermon que lui a servi Caisse à la fin du camp d'entraînement. Pas question qu'il tombe dans le panneau… Surtout pas ce soir alors que c'est la fête.

Le dimanche, pour la première fois de la saison, les Huskies signent un deuxième triomphe consécutif. Cette fois, les deux Tchèques marquent un but chacun sur l'attaque à cinq alors que Dylon Vanelli fait mouche à deux reprises pour mener l'équipe à un gain de quatre à deux contre Moncton. Penosway s'est remis de ses vives émotions et son purgatoire est terminé. Il renoue avec l'action en reprenant sa place aux côtés de Félix et de Bourbonnière dès la mise en jeu initiale. Par contre, cette fois, c'est au tour de Fréchette et de Loiselle de goûter à la médecine de Caisse qui les sermonne sans retenue à la fin de la rencontre, dans le vestiaire. En troisième période, ils ont tous deux mis leur club dans le pétrin en écopant de punitions stupides après le coup de sifflet de l'arbitre, le genre de geste qui met toujours l'entraîneur hors de lui.

Félix Riopel@Rippy57

2 W de suite. Ça fait du bien! #GoHuskies

Après une journée de congé le lundi et deux bonnes séances d'entraînement les journées subséquentes, les Huskies partent en ce jeudi midi. Ils iront disputer deux rencontres à l'étranger. Ils feront escale à Drummondville le vendredi soir pour ensuite se rendre à Sherbrooke le dimanche. C'est un week-end important pour Félix, qui verra sa famille. Il n'a pas seulement hâte de revoir sa mère et sa sœur ; il veut aussi finaliser le fameux dossier de son agent et il désire en discuter de vive voix avec Line avant de prendre une décision. En fait, son choix est arrêté, mais il souhaite obtenir l'approbation de sa mère, par principe.

Vendredi, contrairement à son habitude, après la séance d'entraînement matinale, Richard Caisse décide de ne pas annoncer tout de suite qui affrontera les Voltigeurs en soirée. À seize heures, tout le monde comprend son mutisme du début de journée. Rouyn-Noranda a rappelé deux jeunes espoirs d'âge midget qui étaient au camp et qui avaient été parmi les premiers joueurs retranchés. Insatisfait de leur comportement lors de la dernière partie et de leur réaction par la suite lors des exercices du mardi et du mercredi, il a décidé de laisser Loiselle et Fréchette dans les gradins. Caisse sait qu'il frappe fort en agissant ainsi, car les deux joueurs mis de côté attendaient beaucoup de membres de leurs familles pour cette première visite de la saison au Centre Marcel-Dionne. Fou de rage, le gros défenseur originaire de Trois-Rivières se mord les lèvres en apprenant la nouvelle. Les poings serrés, il parvient à contenir sa colère et à ne dire mot. Fréchette, qui est natif de Drummondville, est incapable d'afficher le même sang-froid que son coéquipier et il éclate en larmes quand son entraîneur lui fait part de sa décision.

— Es-tu commandité par Kleenex, Fréchette? lui demande Caisse le plus sérieusement du monde. L'autre jour, t'as braillé quand t'as compté ton premier but, t'as braillé quand tu t'es fait mal y a deux semaines pendant un entraînement, tu brailles encore en ce moment parce que tu joues pas à soir pis que ta maman va être là. Tu brailles tout le temps. Quand tu vas revenir dans le *line-up*, t'apporteras ta boîte de mouchoirs sur le banc, ça va être moins de trouble. Grandis, Patrick...

Insulté et piqué au vif dans son orgueil, le petit attaquant n'ose néanmoins pas répliquer. Il ne fronce même pas les sourcils ni ne hausse les épaules. Découragé, il pense à ses parents qui seront dans les gradins en compagnie de sa grand-mère Mathilde avec ses oncles, ses tantes, ses cousins et cousines ainsi que ses amis de la polyvalente.

— C'est bon, coach, j'ai compris, se contente-t-il de répondre. Je me suis laissé emporter dimanche et c'est clair que ça n'arrivera plus. J'avais pas affaire à me venger en donnant un coup de bâton stupide sur les mollets du gars des Wildcats.

— J'espère que t'as compris. Faut que tu réalises que des gestes comme ça pouvaient passer dans le midget AAA, mais qu'ils sont intolérables ici, répond Caisse sur un ton beaucoup plus conciliant. Surtout qu'on n'a pas un club qui peut se permettre de perdre des parties pour le fun. C'est dommage pour toi que ça arrive alors qu'on joue à

Drummondville, sauf que je gère une équipe, pas Patrick Fréchette, et j'ai l'obligation d'être juste avec tout le monde. Toi pis Loiselle, vous allez participer à la séance d'échauffement et ensuite, pendant la première période, vous ferez un trente minutes de vélo stationnaire… Pas une petite balade, je veux que vous soyez intenses.

Malgré l'absence des deux joueurs châtiés, les Huskies livrent une chaude lutte face aux Voltigeurs, surtout grâce au brio du gardien Francis Ouellette qui bloque trente-trois lancers, dont plusieurs très menaçants. Félix dispute aussi l'une de ses meilleures rencontres de la saison. Évoluant devant sa mère et sa sœur en plus de Carl, Cynthia et Josiane, tôt dans le match, il prépare le but de Bouchard en avantage numérique. En milieu de troisième engagement, il se fait complice du filet de Denommé à la suite d'un jeu spectaculaire après avoir servi une tasse de café au défenseur américain Shawn Neil pour ensuite remettre adroitement la rondelle à son coéquipier qui appuyait l'attaque. Ce n'est toutefois pas suffisant et Drummondville l'emporte quatre à trois en période de prolongation. Heureux d'avoir offert une belle prestation devant sa famille et ses amis, Félix est encore plus content après la partie quand il s'aperçoit que Michael Ringuette, le recruteur des Rangers de New York pour le Québec, était également dans les gradins et qu'il a été témoin de sa belle performance.

— Je pense que c'est la meilleure partie que j'ai vue depuis ton arrivée dans la ligue, commente Ringuette après les salutations d'usage.

— Merci, monsieur. C'est peut-être pas la meilleure, mais c'est une de mes bonnes *games* cette année. C'est pas facile avec tous les gars qui sont partis, heureusement on joue du meilleur hockey ces temps-ci.

— Comment t'évalues ta saison jusqu'à présent ?

— Honnêtement, je pense que je joue bien en général, répond Félix en regardant son vis-à-vis dans les yeux. C'est certain que j'aimerais ça avoir de meilleures statistiques, je travaille fort chaque soir dans ce sens-là.

— Dis-moi donc, comment ça se fait que le gros Loiselle jouait pas à la défense à soir ? interroge soudain le dépisteur des Rangers.

— Faudrait lui demander à lui ou au coach. Moi, je le sais pas. Tout ce que je sais, c'est qu'ils ont monté deux jeunes du midget et qu'ils ont pas eu l'air fou, se contente de répondre Félix.

Le numéro 57 aurait pourtant bien le goût de lui dire que son coéquipier est sanctionné pour avoir reçu deux minutes supplémentaires après avoir engueulé un arbitre pour une punition qu'il ne croyait pas justifiée.

— En général, comment trouves-tu le jeu de Loiselle cette saison ? demande Ringuette.

— Ça aussi, faudrait le demander à Loiselle ou à Richard Caisse. Qui je suis, moi, pour évaluer le travail d'un coéquipier ? se contente de répondre Félix, un peu désarçonné par cette autre question. Je peux seulement juger de ce que je fais. Des fois, je peux trouver qu'un gars joue une mauvaise partie sauf qu'on le sait pas, peut-être que sa blonde l'a laissé dans l'après-midi, peut-être que sa grand-mère vient de rentrer à l'hôpital ou que son père vient de perdre sa job. Des fois aussi, y a des gars qui jouent blessés et qui veulent pas le dire. C'est pas honnête d'évaluer les autres.

— Tu viens de parler de filles. As-tu une blonde ?

— J'en avais une avant, mais depuis le mois d'août, je suis célibataire pis c'est ben correct de même, répond Félix en souriant.

— C'est certain qu'à ton âge, beau bonhomme qui joue junior, c'est pas mal mieux célibataire, renchérit Ringuette en ricanant. En plus, avec tous les joueurs qui sont partis cette année, tu dois être le *king* de la place à Rouyn… Et paraît qu'elles sont assez chaleureuses, les filles de l'Abitibi !

— Ça, ça serait justement une autre bonne question que vous pourriez poser à Loiselle !

Michael Ringuette rit de bon cœur.

— T'es futé, le jeune, t'en dis juste assez. Hey, à la prochaine !

Puisque Drummondville est situé au centre du Québec et que les Huskies ne jouent que le dimanche à Sherbrooke, Richard Caisse a décidé de décréter une journée de congé le samedi. La rumeur circulait dans le vestiaire et l'entraîneur-chef a attendu après la rencontre pour annoncer que ceux qui désiraient passer un peu de temps en famille pouvaient le faire.

Comme la moitié de ses coéquipiers, Félix profite de l'occasion pour passer un peu de temps chez lui. Après avoir fait la grasse matinée le samedi, il passe l'après-midi relax à la maison à jaser avec sa mère et sa sœur. Comme prévu, ils abordent le sujet de l'agent et Line se montre ravie de sa sélection puisqu'il décide de confier sa carrière à Christian Champagne. Elle se garde toutefois d'exprimer sa tristesse lorsque son fils lui annonce qu'il ira souper à Trois-Rivières avec Carl. Elle avait planifié une sortie au restaurant avec ses deux enfants, mais Félix a des projets différents et Véronique aussi a quelque chose de prévu.

Quand Caisse a laissé entendre qu'il accorderait un congé si le club jouait du hockey de qualité, Félix a immédiatement commencé à préparer son samedi à Louiseville… Et bien entendu, Carl est impliqué dans l'aventure.

Je suis là Rippy. Je t'attends dans l'auto. ☺

En plus d'être son meilleur copain, il peut aussi se montrer très utile en fournissant le transport jusqu'à Trois-Rivières, où ils iront rejoindre les cousines Clermont, en espérant qu'ils pourront recréer la même magie que lors de leur brève escapade en camping. Avec un match le lendemain et le déplacement jusqu'à Sherbrooke, il n'est pas question de faire la fête très longtemps sauf qu'il y aura certainement moyen de s'amuser.

— Lâche ton téléphone, Rippy ! Tu vas la voir dans quinze minutes, ta belle petite police, lance Carl en conduisant, sourire aux lèvres.

J'ai hâte de te voir. xx ☺ Juste plate qu'on doive partir à 10 h max. ☹

— Qu'est-ce qui te dit que je texte pas à ma mère ou à ma sœur ? Ou peut-être à un gars des Huskies ? répond Félix en riant. Pis c'est pas ma belle petite police. C'est juste une chum et tu le sais très bien. J'en avais une police avant qui surveillait tout ce que je faisais et j'en cherche pas une autre !

— Avoue que t'as hâte de la voir quand même ! insiste Carl.

— Ben oui… comme j'avais hâte de te voir ! Tu parles comme un ti-cul de treize ans qui s'en va au cinéma avec une fille pour la première fois de sa vie. Calme-toi un peu ! s'exclame Félix en affichant un large sourire.

— Tu comprends pas, répond Carl, sérieusement cette fois. Toi, tu t'en fous, de Josiane. En plus, tu peux avoir toutes les filles que tu veux à Rouyn-Noranda. Moi, c'est différent, *man*. Cynthia me fait capoter. Je tripe solide sur elle pis je serais prêt à tout lâcher pour qu'on sorte ensemble, mais elle veut pas trop s'embarquer pis on se voit seulement quand ça adonne. Y a jamais une fille qui m'a fait vibrer comme elle ! Donc, oui, je suis énervé comme un ti-cul de secondaire un !

— *My God!* je comprends qu'elle veuille pas s'embarquer ! T'entends-tu, Carl ? demande Félix, un peu perturbé. C'est certain que n'importe quelle fille aurait peur à sa place. Tu parles de Cynthia comme si y avait pas de lendemain pis que c'était la femme de ta vie. Écoute-moi bien : ce qu'il faut que tu fasses, c'est que tu prennes tes distances. Tu lui envoies pas trop de messages textes, tu *likes* pas trop ses affaires sur Facebook, tu mets jamais de commentaires genre qu'elle est belle. Faut que tu sois moins accroché, continue de philosopher Félix. C'est pathétique, un gars ou une fille qui te lâche pas. Même que ça devient vraiment fatigant à la fin.

— C'est ça que je fais, aussi ! réplique Carl en lâchant le volant deux secondes pour lever les bras au ciel. Qu'est-ce que tu penses ? Avec elle, je joue la *game*, exactement comme tu dis.

— Pis ça marche pas ? Pourtant, pour moi, cette méthode-là a toujours fonctionné.

— Ben là, ça marche pas, Rippy ! Pis à part ça, avec qui est-ce que ça a toujours marché ? Ça fait même pas six mois que t'es célibataire !

— Ben... ça a fonctionné avec Emma. Pis à Rouyn, même si je m'occupe pas des petites groupies des Huskies, elles sont toujours après moi pareil !

— Ça se compare pas, franchement, riposte Carl, découragé. T'avais quinze ans quand t'as commencé à sortir avec Emma, pis en plus, c'est elle qui te courait après. À part ça, les groupies peuvent pas faire partie de l'équation. Tu peux pas tenir compte des souris d'aréna dans tes statistiques. C'est déloyal !

— Ouin... soupire Félix en réfléchissant à la situation amoureuse de son meilleur ami. Je pense qu'il reste juste une seule solution si tu veux faire avancer les choses avec Cynthia.

— Explique ? se contente de rétorquer Carl d'un air tout aussi suspicieux que confondu.

— Moi, si j'étais à ta place, je mettrais mes tripes sur la table et je lui dirais à quel point je l'aime et tout ce qu'elle représente pour moi. C'est infaillible, ça. Y a pas une fille qui peut résister à une belle déclaration d'amour !

— C'est le fun jaser avec toi… Y a deux secondes, tu prétendais le contraire. Finalement, tu dis n'importe quoi ! s'esclaffe Carl en prenant la sortie pour le centre-ville de Trois-Rivières en direction du boulevard des Forges. Comme quand tu affirmais que tu coucherais jamais dans la tente avec Josiane !

— Mélange pas les affaires, tranche Félix en se bidonnant. C'est juste que des plans, c'est fait pour être changés !

Il y a une heure que Félix regarde droit devant lui sans savoir quoi dire à sa mère. Lui qui a habituellement la parole si facile, voilà que ce matin, il ne trouve pas les mots. Il a écouté tout ce que Line avait sur le cœur sans chercher à répliquer. Il a pris sa pilule en se contentant de plaider coupable à la fin de ce virulent laïus, souhaitant qu'elle ne pensait pas réellement tout ce qu'elle venait de lui balancer en plein visage.

C'est vrai qu'il aurait pu lui téléphoner quand il a décidé de coucher à Trois-Rivières, mais dans les circonstances et à cette heure si tardive, sa mère se retrouvait bien loin dans ses pensées. Lui dire qu'il n'avait pas appelé parce qu'il avait peur de la réveiller n'a pas été son meilleur prétexte quand il s'est finalement pointé à la maison à sept heures quinze. Il n'a eu que le temps de prendre une douche rapide et de ramasser ses choses puisqu'il fallait partir de Louiseville quinze minutes plus tard afin d'être au Palais des sports de Sherbrooke à dix heures trente.

— T'es certaine que tu changeras pas d'idée? demande timidement Félix avant de sortir de la voiture lorsqu'ils arrivent enfin à destination.

— Non, coupe-t-elle sèchement. Je vais quand même aller prendre un café chez Claude et Denise parce que je leur avais dit que je passerais la journée là avec Véro, mais je vais juste rester une petite heure et après je retourne à Louiseville. J'ai pas le goût de rester à Sherbrooke pour te voir jouer ce soir. Bon match.

— OK, se contente de répondre Félix, extrêmement triste d'avoir déçu ainsi sa mère.

Il sait qu'elle s'est énormément inquiétée pour lui la nuit dernière.

— Je t'aime, mom, on se voit à Noël au pire, conclut-il en fermant la portière, les yeux pleins d'eau.

La gorge serrée par l'émotion, Line le regarde sans rien dire, embraye sa vieille camionnette en marche avant et reprend la route sans même un petit au revoir à son fils.

Merci pour le lift mom. C'est pas vrai que je te prends pour ma bonne. Je t'aime xx T la meilleure mère au monde. Excuse-moi. ☹

Heureusement que les Huskies ne jouent que dans sept heures, car à midi, lorsque Richard Caisse rassemble ses gars au centre de la patinoire, Félix commence déjà à tirer la langue. Le Phoenix de Sherbrooke ne figure pas parmi les puissances de la ligue et l'occasion sera bonne de porter à quatre la série de matchs avec au moins un point. Sur un ton monocorde, comme à l'habitude, l'entraîneur-chef explique brièvement la stratégie à adopter contre l'adversaire et ensuite il parle du déroulement de la journée. Avant d'annoncer la fin de la séance, Caisse prend une longue pause en regardant chacun de ses joueurs dans le blanc des yeux.

— On se démène pour sortir de la cave du classement pis y en a qui trichent, crie-t-il soudainement sans se soucier des badauds et des journalistes qui suivent la scène du haut des gradins. À l'âge que vous avez, je suis pas supposé être votre nounou, continue-t-il après un lourd silence. Peut-être que jouer junior majeur est un engagement trop difficile et trop sérieux pour certains d'entre vous ? Peut-être même qu'il y en a ici qui pensent que je suis un cave ? C'est drôle, moi j'ai le *feeling* qu'y a des joueurs qui me prennent pour un vrai niaiseux. Ça se peut-tu ?

Félix se doute bien que c'est probablement Loiselle qui a vendu la mèche. Il est certain de ne pas l'avoir croisé au petit matin dans le centre-ville de Trois-Rivières, mais peut-être qu'un de ses amis lui aurait refilé l'information après l'avoir aperçu avec Josiane. Peu importe, de toute façon Caisse a découvert le pot aux roses et c'est inutile de le rendre encore plus furieux en jouant les innocents. Comme Félix est sur le point de s'avancer pour éviter que sa situation empire, le pilote des Huskies reprend son discours.

— Loiselle, me prends-tu pour un tata? questionne le coach, à la grande surprise de Félix. Pis toi, Fréchette, crois-tu que j'ai commencé à coacher la semaine passée? hurle-t-il aux deux joueurs sans leur donner le temps de répondre. Vendredi, je vous ai obligé à faire une bonne grosse demi-heure intensive de vélo stationnaire pendant la première période. Pis qu'est-ce que vous m'avez répondu après la *game* quand je vous ai demandé si ça avait bien été? Vous m'avez dit que tout était beau, en me regardant dans les yeux. N'est-ce pas? N'est-ce pas? répète Caisse une deuxième fois en criant encore plus fort pour obtenir une réponse.

— Oui, articulent craintivement les deux jeunes.

— Vous avez pas remarqué qu'y avait des petits *meters* sur les vélos? En une demi-heure, vous avez avancé d'à peu près cinq cents mètres chaque... Vous avez pas pédalé fort, fort. Pis venez pas me dire que les vélos sont vieux et que les *meters* sont brisés, parce que vendredi matin, après l'entraînement, ils fonctionnaient parfaitement quand je m'en suis servi. À soir, vous jouerez pas encore, vous deux. Pis là, je vais rester avec vous et je vais vous faire patiner un peu... Et je suis pas pressé de partir, conclut-il en prenant une pause avant de porter son sifflet à sa bouche. *Let's go*, tout le monde dans le vestiaire, le spectacle est terminé. Loiselle pis Fréchette, placez-vous sur le bord de la bande.

Deux heures plus tard, au moment de la sieste de l'après-midi, Caisse et les deux joueurs n'étaient toujours pas revenus à l'hôtel...

8

Dans la mire de quelques équipes

Dans un peu plus de deux semaines, Félix sera de retour à Louiseville pour les vacances de Noël et, contrairement à pareille époque l'an dernier, l'envie d'aller passer quelques jours dans son patelin l'allume beaucoup moins. Depuis qu'il n'est pas rentré coucher à la maison, sa mère et lui ne se sont échangé que quelques messages textes relativement froids. Ce n'est pas la première fois qu'il la met en rogne, sauf qu'elle ne lui a jamais gardé rancœur aussi longtemps. Il lui a déjà demandé pardon et il ne voit pas ce qu'il pourrait bien faire de plus maintenant pour revenir dans ses bonnes grâces.

Au moins, il compte dorénavant sur l'appui d'un complice important en Christian Champagne. Ce dernier a accepté de le préparer au repêchage en lui fournissant les outils nécessaires pour continuer à s'améliorer tout en se concentrant uniquement sur le hockey. Avoir attendu si longtemps avant de choisir son agent n'a pas été une décision judicieuse, toutefois il a la certitude d'avoir réellement trouvé la personne idéale pour représenter ses intérêts. Comme les Huskies seront à Baie-Comeau et à Rimouski le week-end prochain, Champagne décide de se rendre tout de suite en Abitibi pour voir son nouveau client, ce qui ne fait que valider le choix de Félix.

Le vendredi soir, à l'aréna Iamgold, il assiste à un revers de cinq à deux contre Québec. À la suite de cette défaite, il discute brièvement avec Félix et rencontre ensuite Richard Caisse pour l'aviser courtoisement qu'il travaille maintenant pour Riopel.

Profitant du samedi de congé, Champagne invite son client à déjeuner afin de lui expliquer ce qui s'en vient concrètement d'ici le repêchage de juin à Vancouver. Après lui avoir rappelé la philosophie de son entreprise, il écoute Félix lui parler de sa saison, de ses ambitions et aussi de sa malheureuse mésentente avec sa mère. Il s'offre pour agir en intermédiaire, or Félix préfère régler cette histoire lui-même. Quand son agent finit par attaquer le vif du sujet, les yeux de Félix s'allument instantanément, car pour la première fois de sa vie, quelqu'un lui confirme que des équipes de la LNH l'observent attentivement.

— On n'est même pas rendu à Noël et c'est clair qu'il y a au moins six ou sept clubs qui t'ont à l'œil, explique calmement Champagne. J'ai entendu des dépisteurs parler de toi une couple de fois, mais je ne m'en suis jamais mêlé, on n'était pas ensemble à ce moment-là. Hier, ton coach m'a aussi dit qu'il y a des recruteurs qui l'ont approché pour lui poser des questions à ton sujet, ajoute-t-il pour donner du poids à son propos.

— Quels clubs? interrompt frénétiquement Félix.

— C'est pas tellement important de savoir qui, car de toute façon, d'ici juin, il y a possiblement une vingtaine d'équipes qui vont prendre des renseignements sur toi.

— De mon côté, y a deux dépisteurs qui sont venus me voir après une partie. Y en a un qui travaillait pour les Kings et l'autre pour les Rangers, précise Félix.

— Martin Dion pour Los Angeles et Michael Ringuette pour New York, rétorque l'agent en faisant une pause pour prendre une gorgée de café. Qu'est-ce qu'ils voulaient savoir?

— Rien de spécial, explique Félix. Ils m'ont parlé de ma saison en général. J'étais un peu déçu parce qu'ils m'ont aussi posé un paquet de questions sur d'autres gars du club, confesse-t-il.

— Inquiète-toi pas, Félix, quand ils parlent aux autres joueurs, ils posent fort probablement des questions sur toi. En faisant ça, les dépisteurs évaluent si tu défends tes coéquipiers, si tu fais la même analyse qu'eux sur le rendement des autres gars. Des fois aussi, ça les aide à savoir comment un joueur se comporte en dehors de la glace. Tout le monde voit ce que vous faites sur la patinoire. Ce qui est compliqué, c'est de trouver des jeunes sérieux et déterminés qui seront capables de faire tout ce qu'il faut pour que ça marche. Fais pas le saut, y a des clubs qui vont téléphoner à ta pension pour parler à monsieur et madame Casault. Ton ancien coach du midget AAA va sûrement recevoir une couple de coups de fil aussi. C'est rare que les dépisteurs se rendent en Abitibi, mais si y en a qui font le voyage, ils vont peut-être aller s'asseoir dans la foule pour jaser avec le monde et essayer de savoir comment t'es à l'aréna ou en ville quand tu les croises.

— Ouais… c'est ça que les gars m'ont raconté, répond Félix. Marc-Olivier Laflamme m'a dit que les Penguins avaient même questionné Chico, notre préposé à l'équipement.

— Je ne suis pas surpris. Si un jeune de dix-huit ans qui fait quatre-vingt-dix piastres par semaine envoie promener le *trainer,* comment penses-tu qu'il va se comporter à vingt-quatre ou vingt-cinq ans avec une couple de millions dans les poches ? questionne Champagne sans nécessairement attendre une réponse à sa question. Si le *scout* de Pittsburgh a parlé à Chico, ça veut dire qu'il a peut-être même abordé votre chauffeur d'autobus. Ce sont les petits détails qui font la différence rendu là.

— Je pense que je suis pas mal correct avec tout le monde, mais je vais faire encore plus attention. Dans le fond, y a juste mon ancienne blonde qui pourrait parler en mal de moi, rigole Félix.

— Tu ris, mais les recruteurs regardent aussi comment vos blondes agissent à l'aréna. Ils ne font pas d'enquête poussée, sauf qu'ils regardent ça pareil. Un célibataire ou un gars qui a une blonde stable, c'est bien vu. Un gars qui passe de fille en fille, ça peut devenir inquiétant pour certains clubs.

— Me semble que c'est un peu exagéré, ça, riposte Félix avec un air perplexe.

— Ce n'est pas exagéré une seconde. Il faut aussi que tu réalises que les clubs prennent le plus de données possible. Y a des équipes qui surveillent les comptes Facebook et Twitter pour voir si le gars écrit des niaiseries ou s'il y a des photos de lui sur le party. Au prix que ça coûte, investir dans le développement d'un joueur, y a personne qui veut se planter en repêchant un jeune qui n'est pas sérieux. Je ne suis pas inquiet pour toi et c'est pour ça qu'on est ensemble. Si tu étais tout croche, moi non plus je n'aurais pas le goût de perdre mon temps avec toi. Il y a juste une affaire qui me fatigue ; je ne t'oblige pas, mais ce serait une maudite bonne idée de te faire couper les cheveux. Les cheveux longs, c'est peut-être *hot* pour les filles, sauf que ça peut déranger une couple de clubs comme New Jersey ou Montréal, poursuit-il en faisant signe de la main à la serveuse pour qu'elle remplisse sa tasse de café. Je ne dis pas que ça va t'empêcher d'être *drafté*, mais disons qu'une belle coupe paraît toujours mieux.

— Pas de problème, Christian, je vais me les faire couper en sortant du restaurant, répond Félix sans la moindre hésitation.

— S'il y a d'autres recruteurs qui viennent te voir, dis-leur que je suis ton agent maintenant. De mon bord, je vais commencer à tâter le terrain à Shawinigan demain. Les Cats jouent contre le Drakkar et il devrait y avoir pas mal de clubs sur place. Où jouez-vous votre prochaine partie sur la route, déjà ? demande Champagne.

— La semaine prochaine, on joue à Baie-Comeau et à Rimouski, puis on finit avec des *games* à Gatineau et à Boisbriand avant les vacances de Noël.

— Je vais regarder ça et j'irai voir une des deux joutes contre les Olympiques ou l'Armada, et on pourra jaser après. Y a deux affaires très importantes qu'il ne faut jamais que tu oublies, mais dans ton cas ça ne semble pas être un problème. Quand tu rencontres un *scout*, tu lui donnes une vraie poignée de main d'homme, pas une petite poignée de main molle. Et surtout, tu le regardes toujours dans les yeux. Une personne qui regarde le plancher ou qui évite de croiser ton regard, c'est quelqu'un qui n'est pas confiant ou qui a quelque chose à cacher. Ce sont les deux premières choses que notent tous les recruteurs, sans exception.

Après avoir demandé l'addition, Champagne ouvre sa mallette et sort un questionnaire qu'il demande à Félix de remplir en sa compagnie. Comme il n'aura dix-huit ans qu'en février, sa mère devra aussi apposer sa signature à quelques endroits pour donner son consentement à cette entente.

Félix Riopel@Rippy57

Content d'être dans l'équipe de Christian Champagne. Can't wait for the draft.

Le dimanche après-midi, pour ce dernier match à domicile avant la pause de Noël, les Huskies gâtent leurs partisans en renversant le Titan d'Acadie-Bathurst quatre à un. Le gardien Francis Ouellette s'illustre devant le filet avec trente-deux arrêts alors que le trio de Félix enfile les quatre buts de son équipe. Avec deux buts et autant de mentions d'aide, Rippy connaît sa meilleure prestation offensive en carrière dans la LHJMQ. Penosway et Bourbonnière réalisent aussi des records personnels avec un but et deux passes chacun.

Après la rencontre, à la rigolade, Félix se prend lui-même en photo avec son portable.

> **Félix Riopel**@Rippy57
>
> Mon nouveau look ! Meilleur les cheveux courts !
> 4 pts à soir et victoire de 4-1 vs Bathurst
> #Huskies #NotSamson

Pendant que Félix s'amuse et place ensuite sa photo sur son mur Facebook avec le même commentaire, l'Algonquin de Lac-Simon cogne à la porte du bureau de l'entraîneur.

— Salut, coach, je veux pas vous déranger longtemps. C'était notre dernière partie à la maison avant les vacances de Noël pis je voulais vous donner un cadeau que mon père a amené pour vous.

— Es-tu sérieux ? lance Caisse, déjà comblé par la victoire de son équipe.

— Écoutez, coach, y a jamais personne avant qui m'avait fait confiance comme vous. C'est un rêve pour moi de jouer dans cette ligue-là, mais c'est gros pour tout le monde de Lac-Simon. C'est un cadeau qui vient du fond du cœur et ça fait plaisir à mon père, Johnny.

— Tout ce qui t'arrive, Loïc, tu le mérites parce que tu as travaillé fort, répond Caisse. Je t'ai fait confiance parce que tu avais du talent et une bonne *shape*. Au départ, oublie pas que je t'avais rien promis du tout. Maintenant, c'est presque impossible de t'ôter du *line-up*, surtout depuis que tu joues avec Bourbonnière et Riopel. T'as pas de raisons de me donner de cadeau.

— S'il vous plaît, venez avec moi, coach. Mon père vous attend dehors avec votre cadeau. Vous allez voir, vous allez être content, rétorque Penosway avec enthousiasme.

Intrigué, Caisse finit sa bière d'un trait, regarde ses adjoints avec un regard hésitant, attrape son manteau et suit son attaquant recrue vers la sortie arrière de l'aréna. En ouvrant la porte qui donne sur le stationnement des joueurs et du personnel, il distingue un Amérindien dans la cinquantaine appuyé sur son camion. Tout de suite, il devine qu'il s'agit de Johnny Penosway, le père de Loïc. Quand l'homme les aperçoit à son tour, il fait un signe de la main et marche immédiatement à leur rencontre.

— Bonsoir, monsieur Caisse! Je suis le père de Loïc et il m'a dit tout ce que vous avez fait pour lui. Je vous ai apporté un petit cadeau. C'est dans la boîte de mon *pick-up*, lance-t-il sans émotion.

Saisi par le froid, Caisse suit les deux hommes en grelottant, les mains dans les poches. Au chaud, à l'intérieur du camion dont le moteur tourne toujours, il reconnaît trois ou quatre silhouettes. Probablement la mère de Loïc en compagnie de ses frères et sœurs. En arrivant près du véhicule, Johnny Penosway s'immobilise puis se retourne pour regarder l'entraîneur des Huskies qui se demande toujours ce qui se trame. Sans dire un mot, il donne une petite tape sur une grosse glacière, déposée à l'arrière.

— Là-dedans, y a du steak d'orignal, du chevreuil pis de la truite grise, dit-il fièrement. C'est de la bonne viande sauvage qui provient de la réserve. C'est pour vous, pour vous remercier et parce que Noël s'en vient dans pas long aussi.

— C'est certain que je vais pas refuser ça, monsieur Penosway ! répond l'entraîneur en souriant. Y a rien qui peut battre de la bonne viande sauvage. Surtout que cette année, j'ai promis à mes adjoints que je les recevrais à souper entre Noël et le jour de l'An ! On va se bourrer la face en l'honneur de votre fils. Faut que vous sachiez une chose, vous avez un bon p'tit gars... Pis comme je dis toujours, la pomme tombe jamais loin du pommier et je dois avoir raison, car c'est le plus beau cadeau qu'on me fait en trente ans de coaching. Merci beaucoup. Je ne sais pas si je le mérite, mais je suis très content, conclut-il en tendant la main au père puis au fils.

En marchant vers sa voiture avec la glacière sous le bras, Caisse se remémore ce que Denis Gariépy lui a expliqué à propos des Amérindiens de Lac-Simon. Au fil des ans, il a dirigé une multitude de joueurs très talentueux. Une dizaine ont percé dans la Ligue nationale, au moins une trentaine d'autres ont eu une carrière professionnelle en Europe et la plupart des autres ont bien réussi après leur stage dans la LHJMQ. Pourtant, pour une rare fois depuis qu'il exerce ce métier ingrat, il a véritablement l'impression de faire une différence dans la vie d'un de ses protégés, et c'est un sentiment extrêmement gratifiant… surtout à l'approche de Noël.

Sous ses apparences de despote impulsif, Richard Caisse a toujours discrètement pris soin des joueurs qu'il estimait. Sans rien laisser paraître et sans que ça influence trop ses décisions reliées au rendement de ses équipes, il a constamment essayé de tirer des ficelles pour aider ceux qui le méritaient, comme ses adjoints Pascal Milette, Éric Renaud et Sébastien Mailhot qui ont tous trois déjà joué sous ses ordres. Par contre, les paresseux, les indisciplinés et les têtes folles n'ont jamais reçu un bon mot de sa part et, de toute façon, dans la mesure du possible, il s'est toujours arrangé pour ne pas en avoir dans ses formations.

Installés au quinzième échelon du classement général, les Huskies jouent leur meilleur hockey de la saison. Heureux et motivé d'être associé avec Christian Champagne, Félix amasse des points de façon plus régulière. Il a inscrit le seul but des siens dans le revers de cinq à un à Baie-Comeau pour ensuite récolter deux autres filets dans le surprenant gain de cinq à trois à Rimouski, ce qui lui confère un impressionnant total de sept points à ses trois dernières joutes.

À une semaine du congé des Fêtes, tout baigne dans l'huile à Rouyn-Noranda. À l'instar de Félix, Vanelli et Archambault ont recommencé à produire plus souvent, ses compagnons de trio Penosway et Bourbonnière flottent sur un nuage, Denommé maintient une bonne cadence, Loiselle est convoité par plusieurs équipes de la LNH et les autres joueurs n'ont aucune raison de se plaindre. Félix, qui avait le mal du pays, l'an passé, à la même époque, perçoit que Patrick Fréchette file, pour sa part, un mauvais coton. En fait, pas besoin d'être devin pour remarquer que le petit attaquant n'est pas dans son assiette. Déjà timide de nature, depuis qu'il a été laissé de côté lors du match devant sa famille, Fréchette s'est refermé encore plus sur lui-même. Si bien que quatre mois après l'ouverture du camp d'entraînement, il n'est toujours pas totalement intégré au reste du groupe.

Quand il est à la pension, il passe le plus clair de son temps enfermé dans sa chambre. Dans l'esprit de Félix, c'est évident qu'il n'est pas heureux en Abitibi. Ginette Casault, qui héberge des joueurs depuis une quinzaine d'années, partage son avis et elle lui a d'ailleurs fortement suggéré d'intervenir pour essayer de remonter le moral de Fréchette.

Même s'il n'a pas vraiment d'atomes crochus avec lui, Félix l'invite au cinéma. On est mardi soir, il n'y a pas de hockey à la télé, leur session de cégep est terminée, alors Fréchette n'a aucune raison de demeurer cloîtré toute la soirée dans le sous-sol.

— Entrez, répond-il par réflexe lorsque Félix frappe à sa porte.

— Qu'est-ce que tu fais, *dude*? demande Félix en s'avançant dans la pièce.

— Rien de spécial. Je jase avec mes amis sur Skype. Je passe le temps.

— Lâche ton ordi, on s'en va au cinéma avec deux filles! Deux pétards, mon homme! Laurie Audette et Ève Pilon, s'exclame Félix sur un ton convaincant.

— Qu'est-ce que vous allez voir? questionne Fréchette.

— On s'en sacre, du film! C'est un détail, ça, mon Pat. L'important, c'est de sortir voir du monde. Le film va être fini vers vingt-trois heures trente et on va revenir ici tout de suite après. En plus, on a rien avant demain midi, ajoute Félix pour essayer de convaincre son ami.

— Merci, mais je pense que je vais laisser faire, j'ai peut-être un début de rhume et en plus j'ai pas tellement le goût de voir du monde, avoue Fréchette.

— Qu'est-ce qui se passe avec toi? demande franchement Félix en s'assoyant sur le coin du lit, près du petit bureau installé au fond de la chambre. On dirait vraiment que tu t'emmerdes ici, t'as tellement pas l'air heureux.

— Bof… c'est pas important, Rippy, soupire Fréchette. En partant, je suis pas un gars de party. J'aime bien faire mes affaires tout seul. En plus, je joue pas beaucoup ces temps-ci.

— J'étais dans la même position que toi l'an passé. Tu vas voir, la pause de Noël va te faire du bien. Je suis certain que tu vas même t'ennuyer de moi, réplique Félix en riant pour essayer de lui arracher un sourire.

— C'est ça, le problème, dans le fond, le congé des Fêtes arrive et j'ai pas le goût de retourner chez nous. J'ai hâte de voir ma famille sauf qu'y a une personne que j'aime à Drummond et qui me fait de la peine. C'est comme si j'avais pas le droit d'être heureux à Rouyn-Noranda. Je comprends pas son attitude. Quand tu aimes vraiment quelqu'un, tu devrais être content quand il lui arrive des belles choses, confesse spontanément Fréchette, à la grande surprise de Félix qui ne s'attendait pas véritablement à recevoir des confidences de sa part. À ses yeux, j'aurais jamais dû quitter Drummond pour venir jouer pour les Huskies. Et en plus, je me sens encore plus coupable si j'ai du fun en dehors de l'aréna. Tu dois pas vraiment comprendre, mais c'est pas grave.

— Ben oui, je comprends, mais c'est pas un peu malsain ? interroge Félix en suggérant ensuite la réponse. C'est pas normal que ta blonde exige que tu restes à la pension à *skyper* avec elle tous les soirs.

— C'est moi, le problème, Rippy. Je devrais l'envoyer promener, faire ma vie et tourner la page, sauf que c'est plus compliqué que ça.

— Dis-moi pas que tu l'as mise enceinte ? interrompt Félix.

— Inquiète-toi pas, ça arrivera jamais ! répond Fréchette en affichant enfin un premier sourire. T'es vraiment correct de te préoccuper de mes états d'âme, mais casse-toi pas la tête pour moi. Je suis pas en dépression, je vais pas m'ouvrir les veines ni me pendre dans le sous-sol, je suis juste dans une passe où j'ai pas le goût de triper en gang. Ajoute à ça que Caisse est toujours sur mon dos, ça fait que c'est un moment un peu *tough* à passer. C'est pour ça que j'aime mieux rester tranquille à soir. Merci pareil.

Non satisfait de la réponse de son coéquipier, Félix disparaît quelques secondes pour revenir en trombe dans la chambre de Fréchette avec son ordinateur portable dans les mains afin de parcourir, devant lui, les profils Facebook de Laurie Audette et d'Ève Pilon. Loin d'avoir baissé les bras, il désire le convaincre de les accompagner en lui exposant les photos de vacances des deux jeunes femmes en maillot de bain.

— T'es drôle, Riopel ! Je les connais déjà, ces filles-là ! Je suis déjà ami Facebook avec elles. D'ailleurs, si tu regardes comme il faut, elles sont amies avec tout le monde dans le club, même avec Chico pis le gars qui vend les moitié-moitié. Bravo le *playboy* ! T'es comme un gars qui se vanterait d'avoir pogné de la truite dans une pisciculture ! lance Fréchette en riant réellement de bon cœur, pour une rare fois.

Avant de partir pour le congé de Noël, les Huskies font escale à Gatineau le vendredi soir puis ils visitent l'Armada de Blainville-Boisbriand le lendemain. Comme les autres joueurs du circuit, ils seront ensuite en vacances du vingt-deux au vingt-sept décembre. Ils reprendront l'action avec deux parties à domicile avant le jour de l'An.

Le premier arrêt se transforme en cauchemar alors que les Olympiques se paient un pique-nique offensif et pulvérisent leurs adversaires huit à deux. La soirée se révèle particulièrement pénible pour Félix et ses ses deux ailiers qui terminent la partie avec chacun un différentiel de moins quatre. Le numéro 57 est heureux de constater l'absence de son agent.

> Je n'ai pas pu aller au match à Gatineau. Il semble que je n'aie rien raté ! On se voit demain après ta partie à BB.

Vingt-quatre heures plus tard, les Huskies se font de nouveau rosser alors que l'Armada l'emporte aisément cinq à un. En fin de match, tandis que les Huskies évoluent en avantage numérique, la partie se transforme en foire. En contrôle de la rondelle, dans le coin de la patinoire, Fréchette tourne le dos au jeu pour pivoter vers l'arrière du filet quand le gros défenseur Guillaume Gauthier en profite pour le plaquer solidement. Le petit attaquant atterrit tête première contre la rampe et il s'écroule au sol. Du coup, Félix voit rouge et perd les pédales. Installé devant le filet, il décampe vers l'assaillant de l'Armada qui laisse tomber ses gants en l'apercevant. Gauthier n'a cependant pas le temps de lancer un seul coup de poing que Félix lui saute dessus et le frappe directement au visage avec son bâton qu'il tient fermement à deux mains. Le choc est si violent que la visière du défenseur craque sous l'impact.

Les deux joueurs croulent au sol et une mêlée générale s'ensuit. Félix et Gauthier sont chassés de la partie, tout comme Richard Caisse qui pète les plombs et invite son homologue à le rejoindre au banc des visiteurs.

— Ils feront ce qu'ils ont à faire, ça me dérange pas, répond l'entraîneur encore furieux après la partie lorsqu'un journaliste lui demande s'il s'attend à être suspendu par la LHJMQ pour avoir lancé des bâtons sur la patinoire à la fin de l'échauffourée. Ce qui s'est passé ici est inadmissible. Tout le monde a vu Gauthier frapper Fréchette pour lui rentrer intentionnellement la tête dans la bande. C'est pas la première fois qu'il pose des gestes aussi dangereux. Ce gars-là, c'est un récidiviste. C'est pas compliqué, ça me dégoûte et j'espère que la ligue va réagir.

— Faudrait pas être surpris non plus que Félix Riopel soit suspendu pour son coup de bâton, commente le journaliste montréalais Louis-Philippe Séguin.

— Pourquoi tu dis ça ? demande Caisse. Travailles-tu pour la ligue ?

— OK, je vais poser ma question différemment. Est-ce que tu penses que Riopel sera suspendu ?

— C'était pas une question tantôt, mais un commentaire, répond Caisse. C'est à la ligue de juger si Riopel mérite une suspension. Moi par contre, je suis très fier de lui, répond-il tranquillement en prenant le temps de regarder tous les journalistes dans les yeux. Un des plus petits joueurs de la ligue se fait faire un *cheap shot* dans le dos pis Riopel a été le seul gars de notre club à réagir. Félix Riopel, cinq pieds et quelques pouces, même pas cent cinquante livres, précise-t-il en faisant la moue. Pendant ce temps-là, Loiselle, gros pis fort comme un bœuf, gérait le trafic. Penosway, six pieds trois et deux cents livres, se demandait quoi faire, pis le jeune Denommé est revenu au banc. On est dans la cave du classement, ça fait deux *games* de suite qu'on se fait varloper, on essaie délibérément de blesser un de nos joueurs pis le seul de toute la gang qui se fâche, c'est Félix Riopel. Penses-tu vraiment que je vais te dire que je suis fâché après lui ? continue Caisse. Riopel a juste fait ce que n'importe quel gars qui a son club à cœur doit faire. En partant, si on avait vingt gars avec son tempérament, Gauthier aurait jamais fait un tel geste parce qu'il aurait su que les Huskies ne se laissent pas piler sur les pieds. C'est comme au dépanneur, si tu sais que le gars en arrière du comptoir a un bâton de baseball, y a des grosses chances que tu fouilles pas dans le pot de bonbons sans payer. Nous autres, on ouvre le pot, on se ferme les yeux pis on espère que les bonbons vont rester là, conclut Caisse en attendant quelques secondes avant de retraiter dans son bureau en tempêtant sous le regard amusé des journalistes qui n'imaginaient guère obtenir des commentaires aussi juteux !

9

Loïc Penosway, la fierté de Lac-Simon

Pour un deuxième Noël de suite, Félix arrive à Louiseville en se préoccupant de ce que l'avenir lui réserve. En raison du congé, les bureaux de la LHJMQ sont fermés et il devra fort probablement attendre au vingt-six décembre avant de connaître le verdict qui l'attend. Après la partie à Gatineau, son agent n'était pas particulièrement fier de lui. Champagne lui a tout de même indiqué qu'il téléphonerait au préfet de discipline de la ligue pour plaider en sa faveur, mais que selon lui une peine de cinq parties de suspension était envisageable.

Au-delà du tourment que cette situation peut amener, Félix doit aussi composer avec sa mère, dont il a soulevé l'ire il n'y a pas si longtemps. Curieusement, ni lui ni l'autre n'abordent le sujet.

Félix s'attendait à ce que Line ramène cette discorde sur la table dès son retour à Louiseville, mais au contraire leurs discussions demeurent tout ce qu'il y a de plus banales. Autant il redoutait de subir ses foudres pendant quatre jours, autant il se demande maintenant s'il ne devrait pas lui-même attaquer le problème de front et essayer de lui faire comprendre qu'il n'a rien fait de mal en ne rentrant pas coucher à la maison sans prévenir. Le vingt-quatre au matin, alors qu'il s'apprête à briser la glace lors du petit déjeuner, elle le prend par surprise en le prévenant qu'un ami de la famille va se joindre à eux pour le repas qu'elle donnera le lendemain soir pour célébrer Noël.

— Qui ça, un ami de la famille ? demande Félix en regardant le vent souffler dehors et en mangeant ses céréales.

— Denis Vézina, c'est un monsieur de Shawinigan. Il est arpenteur et on s'est connus dans ma ligue de quilles.

— D'abord, dis pas qu'y a un ami de la famille qui va venir souper demain. Dis juste qu'y a un de tes amis qui va venir. C'est loin d'être la même affaire, réplique-t-il sans détacher son regard de la neige qui tourbillonne au loin, près de ce vieux chêne qui a toujours fait partie du décor et au pied duquel il retrouvait jadis une dizaine de rondelles, chaque printemps, après la fonte des neiges.

— Véro l'a déjà vu trois ou quatre fois et elle le trouve super gentil, alors je considère que c'est un ami de la famille.

— Donc, t'es rendue avec un chum, autrement dit, pis demain il va fêter Noël ici, avec nous. C'est ça, la vraie affaire. Pourquoi tu le dis pas de même, mom ? demande Félix avec un sourire moqueur.

— Pour le moment, Denis est un bon ami. C'est tout. La « vraie affaire », comme tu dis, c'est qu'on verra plus tard si notre relation peut changer, mais ce n'est pas le cas pour le moment.

Denis Vézina est le premier homme que Line présente à ses enfants depuis le décès dramatique de leur père. Les quelques rencontres en compagnie de Véronique se sont bien déroulées, sauf qu'elle redoute grandement la réaction de Félix qui était si proche de son papa, et qui aujourd'hui encore tente à maintes reprises d'assumer le rôle de chef de la maison. Elle s'attendait au pire, mais Félix l'a totalement déstabilisée avec sa réaction. Camoufle-t-il ses véritables sentiments ou est-il honnête ? Line n'en a aucune idée pour l'instant et possiblement que Véro aura une réponse pour elle d'ici à ce que son fils retourne en Abitibi !

Christian Champagne ne s'était pas tellement trompé. Même si Guillaume Gauthier n'a pas été blessé lors de l'événement, Félix écope d'une condamnation de quatre parties de suspension pour son geste délibéré à l'endroit du défenseur de l'Armada. Pour sa part, Richard Caisse reçoit une sanction de deux matchs et une amende plutôt salée de deux mille dollars.

Pour une rare fois, le vénérable entraîneur des Huskies ne reçoit pas l'appui des médias locaux qui l'accusent d'avoir aveuglément cherché à protéger un de ses joueurs pour un geste aussi stupide que dangereux. En son absence, l'équipe s'incline deux fois de suite à domicile pour prolonger la série de défaites à quatre. Le trois janvier, toujours à l'aréna Iamgold, le club visiteur vient encore gagner en territoire ennemi. Comble de malheur, le lendemain, le directeur général Dany Lafrenière liquide deux vétérans. Il envoie d'abord le joueur de vingt ans Raphaël Bouchard à Chicoutimi en retour d'un choix de deuxième ronde au prochain repêchage. Puis il cède le robuste attaquant Murray Wilkinson à Moncton en échange d'un défenseur de dix-sept ans qui avait refusé de rejoindre les Wildcats, préférant jouer dans la Ligue de hockey junior AAA afin de conserver son admissibilité dans les collèges américains.

Félix renoue avec l'action au lendemain de la date limite des transactions, alors que deux jours plus tôt, à Sherbrooke, les Huskies pliaient l'échine pour une sixième partie de suite.

Depuis son arrivée à Rouyn-Noranda, jamais l'ambiance n'a été si morose et défaitiste. La direction a lancé un message déprimant en se débarrassant de deux bons vétérans, mais aussi de deux joueurs aimés de tout le monde, autant dans le vestiaire que dans la communauté. Deux jeunes attaquants d'âge midget les remplacent, Liam-Tomas Joyal des Intrépides de l'Outaouais et Frédéric Boucher des Cantonniers de l'Estrie. À seize ans, ils auront de grands souliers à chausser et il ne faut surtout pas s'attendre à des miracles de leur part cette saison.

Pour son retour au jeu, après deux semaines d'inactivité, le numéro 57 s'offre une performance éclatante. Toujours sur ses gardes lorsque les Huskies s'arrêtent au vieux Colisée de Québec, Félix est partout sur la patinoire. Il récolte un but et deux passes pour mener les siens vers un étonnant triomphe de quatre à trois face aux puissants Remparts, deuxièmes au classement général du circuit, derrière Cap-Breton. Après la partie, Patrick Flageol, le dépisteur du Canadien, désire le rencontrer. L'homme dans la quarantaine l'a déjà approché brièvement en début de saison pour discuter de choses et d'autres. Cette fois, Félix a toutefois l'impression d'être soumis à un questionnaire en règle.

— Beau retour au jeu, commence-t-il en l'abordant. J'ai vu les images à la télé, mais sans plus. Qu'est-ce qui est donc arrivé avant Noël pour que t'essaies d'arracher la tête de Gauthier à Blainville ?

— Il a essayé de blesser un de mes coéquipiers, pis ça marche pas de même avec moi, répond Félix avec franchise. Surtout que Fréchette, c'est un bon gars qui ferait pas de mal à une mouche.

— Pis si Gauthier s'en était pris à un autre joueur que Fréchette ?

— Il aurait peut-être pas eu mon bâton en pleine face, mais c'est certain que je lui aurais sauté dessus !

— Ouin… Ça va être difficile de faire les séries ! L'ambiance doit pas être terrible ? questionne Flageol qui, visiblement, a déjà fait le tour des événements ayant mené à sa suspension.

— Le plus important, c'est de respecter le système de jeu du coach. Quand on le fait, on se donne des chances de gagner à chaque match. La preuve, on vient de battre Québec. Sauf que quand on se retrouve avec deux ou trois buts de retard, c'est sûr qu'y a des gars qui commencent à se décourager.

— Comment t'as trouvé Étienne Perreault, de l'autre bord ? demande ensuite le dépisteur.

— Bonne première passe, lancer ordinaire, il a un bon coup de patin, mais il se fatigue vite. Donc, j'essaie de passer de son bord s'il est en fin de *shift*, mais pas s'il vient de sauter sur la patinoire, défile

Félix sans hésiter. À un contre un, il est ordinaire, par contre il lâche jamais, ajoute-t-il ensuite après deux secondes de réflexion.

— D'après toi, y a-tu un gars à Rouyn qu'on devrait surveiller pis qui serait peut-être pas sur nos listes ? interroge-t-il en continuant de faire du coq-à-l'âne.

— Ça dépend si je suis sur vos listes ou non, répond Félix en riant. Sérieusement, je dirais Adam Bourbonnière, qui sera admissible l'an prochain.

— Pis est-ce qu'il y en a un qui est sur nos listes, mais qui ne devrait pas y être, d'après toi ?

— Non… c'est sûr que non.

En marchant vers l'autobus des Huskies, Félix envoie un message texte à Christian Champagne pour l'informer de sa rencontre et lui donner un aperçu des questions. C'est la première fois qu'un recruteur l'aborde de cette façon. Comme il achève de prendre quelques notes qui résument sa rencontre, Flageol aperçoit Cédrick Loiselle. C'est surtout lui que le dépisteur du Tricolore venait épier et le gros défenseur ne l'a pas déçu.

— Salut, Cédrick ! Bonne partie, mon chum. Ça fait trois ou quatre fois que je te vois jouer cette année et je trouve que tes affaires ne vont pas trop mal, lance Flageol.

— Merci, m'sieur. Vous savez, c'est pas évident avec le club de chaudrons qu'on a cette année. Entre vous et moi, on a beau dire qu'on est une équipe en reconstruction, on se fera pas de cachette, vous voyez les parties, c'est vraiment pas facile avec tous les jeunes qu'on a à Rouyn.

— C'est sûr, acquiesce Flageol. Pis en plus, Richard Caisse n'est pas le meilleur coach pour développer des jeunes.

— Juste à voir où on est au classement…

— Es-tu heureux quand même avec les Huskies ? demande Flageol sur un ton compatissant.

— Oui, parce qu'au bout du compte, je joue beaucoup. Le coach me fait confiance et il m'utilise dans toutes les situations de jeu, et c'est la meilleure façon de m'améliorer.

— Perreault, des Remparts… tu le trouves comment ?

— Rien de spécial. Je sais qu'il a un but ce soir, mais à part ça, j'ai pas vraiment remarqué sa *game*, se contente de répondre Loiselle en saluant au même moment un groupe d'amis rassemblé près de la sortie.

L'air satisfait de ces réponses, Flageol le remercie, prend quelques notes puis attend la venue du défenseur Étienne Perreault, la deuxième étoile du match.

Le week-end suivant se déroule en Abitibi puisque les Huskies accueillent leurs rivaux de Val-d'Or à l'aréna Iamgold le vendredi soir pour leur rendre ensuite la politesse en les visitant le dimanche, en fin d'après-midi.

Blanchi de la feuille de pointage, Félix dispute néanmoins une bonne partie. Cette fois, c'est Fréchette qui s'illustre en marquant deux buts dans un match pour la première fois de sa carrière. Le jeune gardien auxiliaire Didier Lapointe, qui connaît une première saison difficile dans la LHJMQ, se montre enfin solide devant le filet des siens en ne cédant qu'une seule fois face aux Foreurs. La troupe de Richard Caisse signe un deuxième gain d'affilée, pour le plus grand bonheur des partisans du club.

Deux jours plus tard, pour la seconde tranche de cette bataille de la 117, les deux équipes se retrouvent au Centre Air Creebec. Cette fois, Rouyn s'incline six à trois. Il règne tout de même une ambiance du tonnerre, car Loïc Penosway compte sur une centaine de chauds partisans pour cette partie disputée à une trentaine de kilomètres seulement de la réserve de Lac-Simon. Le compagnon de trio de Félix ne déçoit pas ses admirateurs en enfilant son huitième but de la saison. Après l'affrontement, une rencontre est prévue entre Paul Murphy, le chef de bande de la petite communauté algonquine, et Dany Lafrenière, le patron des Huskies.

Constatant l'impact positif qu'a le jeune Penosway sur les siens, le conseil de la nation anishnabée de Lac-Simon a réussi à faire débloquer des fonds importants et Murphy, un homme dynamique qui travaille depuis des années pour redorer l'image des Amérindiens et détruire les vieux stéréotypes véhiculés à leur endroit, a besoin de l'aide des Huskies pour réaliser un projet un peu fou, du moins à première vue.

— Carey Price en Abitibi ! Ça marchera jamais, votre idée, monsieur Murphy ! s'exclame Dany Lafrenière lorsqu'il apprend les intentions de l'homme qui se trouve devant lui. Votre plan est génial, mais Price a pas de temps pour ça pendant la saison. Pourquoi vous invitez pas un gars comme Gino Odjick à la place ?

— Tout ce que je veux, monsieur Lafrenière, c'est un contact pour pouvoir expliquer notre projet. Vous devez sûrement connaître quelqu'un dans l'organisation du Canadien. Sinon, pourriez-vous me trouver le nom de son agent avec son numéro de téléphone ? Peut-être qu'on peut passer par un ancien joueur des Huskies comme Mike Ribeiro pour le contacter. Je ne sais pas, moi, il doit sûrement y avoir un moyen de lui faire parvenir notre invitation. Il n'est quand même pas le pape.

— Faudrait que j'y pense. Je persiste à croire qu'avec un ancien joueur, votre idée serait plus réaliste, répond de nouveau Lafrenière. Pis mettons qu'il accepte de faire une conférence à Lac-Simon, c'est sûr qu'il viendra pas gratis. C'est normal avec toutes les demandes que ces gars-là reçoivent. Pis faudra aussi organiser son transport et il aura pas le choix de venir en avion. Odjick, lui, viendrait probablement pour rien… au pire, il va vous facturer le gaz et une couple de cent piastres pour son déplacement. En plus, Gino est vraiment comique, tout le monde aurait du fun, insiste le directeur général des Huskies.

— Pourquoi ne me dites-vous pas tout simplement que la direction des Huskies refuse de nous aider ? réplique Murphy en se croisant les bras.

— C'est pas que je veux pas vous aider. Je vous explique seulement que ça risque d'être difficile, soupire Lafrenière, découragé de voir son interlocuteur insister autant. Envoyez-moi toutes les infos par courriel et je vais trouver un moyen pour qu'elles se rendent à Price ou à son agent.

— Mon document est déjà prêt, donnez-moi votre adresse courriel et je vous l'envoie dans la seconde, répond le sympathique chef de bande en saisissant son téléphone, prêt à dégainer. Si ça marche, allez-vous embarquer avec nous dans le projet ?

— Si ça marche, c'est certain que les Huskies vont vous soutenir, monsieur, et toute l'organisation sera présente dans la salle pour votre brunch-conférence.

— *Miguetsh!* Ça veut dire « merci » en algonquin, conclut Murphy en souriant avant de tendre la main à Lafrenière.

Comme promis, moins d'une minute plus tard, Dany Lafrenière reçoit une présentation étoffée, écrite en anglais, à l'intention du gardien des Canadiens de Montréal.

En résumé, le Conseil de Lac-Simon lui lance une invitation à venir prendre la parole dans le cadre d'un déjeuner visant à l'honorer et, du même coup, à encourager Loïc Penosway à persévérer dans sa carrière. Originaire d'Anahim Lake, un petit village retiré au nord de la Colombie-Britannique, et issu du peuple autochtone Ulkatchos, Price n'a peut-être pas toujours fait les manchettes pour les bonnes raisons, mais il s'avère assurément un modèle pour tous les jeunes Amérindiens. Monsieur Murphy a déjà déniché un commanditaire pour le voyage en avion de Montréal à Lac-Simon et, s'il accepte de venir passer deux heures sur la réserve, on lui remettra un généreux chèque de dix mille dollars pour sa fondation. Après analyse du calendrier, on propose le dimanche premier mars pour sa visite. Ça ne lui laisse certes pas un très long délai pour organiser un tel événement, mais Murphy tenait à amorcer les démarches seulement après la date butoir des transactions afin d'être certain que le jeune Penosway serait encore avec les Huskies en mars.

10

Une soirée mouvementée et arrosée

Toutes ces tractations pour amener Carey Price en Abitibi se déroulent à l'insu de l'attaquant des Huskies qui, à l'instar de la plupart des recrues, en a déjà plein les bras avec sa vie trépidante de joueur junior. Pour se tailler un poste dans l'équipe de Richard Caisse, Penosway s'est imposé plusieurs sacrifices et il doit maintenant apprendre à composer avec cette nouvelle réalité qui exige beaucoup d'autonomie et de discipline. Malgré les voyages et les horaires variés, il doit essayer de jumeler avec succès école, entraînement, activités promotionnelles, saine nutrition et sommeil. De plus, il est bien conscient qu'il est devenu le porte-étendard d'une communauté entière et il ne veut surtout pas décevoir qui que ce soit à Lac-Simon.

Sur la patinoire, étant donné sa stature imposante, Richard Caisse souhaiterait le voir jeter les gants régulièrement, sauf que ce n'est pas dans sa nature. Après le revers à Val-d'Or, l'entraîneur décide donc de muter Penosway sur le trio des Tchèques. C'est Dylon Vanelli qui vient prendre sa place auprès de Bourbonnière et de Félix. La stratégie ne rapporte pas les dividendes escomptés. Malheureusement, les Huskies s'inclinent deux fois de suite devant leurs partisans avant de mettre les voiles en direction des Maritimes pour presque deux semaines. Ce périple de six parties les mènera à Bathurst, Moncton, Halifax, Cap-Breton, puis à Charlottetown et finalement à Saint John.

Cette tournée dans l'Est débute plutôt mal avec des revers face au Titan, aux Wildcats et aux Mooseheads. Plutôt patient et compréhensif depuis le début de la saison en raison de la présence de toutes ces recrues, Caisse sort véritablement de ses gonds après la rencontre à Halifax. Quand il entre dans le vestiaire, personne ne parle, tous les joueurs ont la tête entre les jambes, prêts à se faire sermonner en fixant le sol. Ils se doutent qu'ils sont assis sur un baril de poudre et que l'entraîneur va lancer une allumette par terre.

Lentement, Caisse arpente le vestiaire en évitant les bâtons. « Soit il cherche les bons mots, soit il se calme un peu avant de prendre la parole », se dit

Félix qui anticipait ce moment depuis un bon bout de temps déjà.

Après deux interminables minutes de silence, Caisse saisit le bâton de Lukas Denommé et il le casse avec fracas sur la table déjà chancelante installée au centre du vestiaire. Il saisit ensuite la seule bouteille de Gatorade à ne pas être tombée au sol et il la projette de toutes ses forces sur le mur en céramique dans le fond des douches.

— Vous faites pitié, lance-t-il d'abord avec dédain. Si c'était pas qu'on est un club en reconstruction, la moitié d'entre vous aurait jamais joué junior majeur cette année. Vous avez la chance de votre vie pis vous regardez passer le train. Votre trip achève en sacrement parce que l'année prochaine, y en a des plus jeunes qui vont venir prendre vos places, poursuit-il en levant progressivement le ton avant de commencer à invectiver ses joueurs de façon individuelle. Penosway, tu pourrais jouer avec des œufs dans tes culottes pis tu les casserais même pas. T'es gros comme un cheval, tu frappes pas personne, tu te bats pas, tu sers à rien. Même affaire pour toi, Loiselle. La centrale de recrutement de la Ligue nationale vient de te classer dans le *top* vingt en Amérique, mais je me demande c'est qui, les bouffons qui vous évaluent. Tu te bats pas pour pas recevoir de taloches sur ta belle petite face pis tu veux surtout pas te faire mal en donnant des coups d'épaule parce qu'y a des *scouts* qui viennent te jaser. Sais-tu ce que je leur dis, aux dépisteurs qui viennent me voir ? Je leur dis que t'es un jaune, un faux *tough* qui se prend pour un bon joueur. Fréchette, Denommé, Vanelli, Archambault... vous dormez au gaz quatre *games* sur cinq. Les deux *kids* de seize ans qu'on vient de rappeler sont plus intenses que vous autres. C'est pas normal. Mais le pire... le pire, c'est toi, Riopel.

Félix, qui validait intérieurement chacun des mots de son entraîneur, tombe à la renverse en entendant soudainement son nom. Contrairement aux autres qui fixaient le sol, il lève la tête et redresse le corps lorsque Caisse parle de lui.

— T'es le meilleur marqueur du club. T'es bon en maudit, toi, Riopel. T'es tellement bon que t'es encore moins deux à soir. T'es tellement bon qu'à cinq heures, en arrivant à l'aréna, on t'attendait pour une entrevue à la télévision parce que monsieur a causé une belle surprise en se faisant classer dans les soixante plus beaux espoirs en Amérique. Hey, quand les journalistes prennent la peine de te parler, c'est que t'es rendu *hot* en maudit. Au lieu de te concentrer sur ta *game*, tu t'es concentré sur tes réponses, pis après ça, tu dois avoir *texté* la planète au complet pour que personne rate ton entrevue à la télévision. Fini. C'est fini pour tout le monde, les entrevues avant les parties. Y a plus un maudit journaliste sale qui va vous parler avant les matchs. Vous êtes pas assez responsables... Je coache des pee-wee, on dirait, conclut-il avant de retraiter en furie vers son bureau.

— Moi aussi vous me faites suer, vous vous tenez pas. Vous jouez pas en équipe. Vous vous pensez bon, pis on est quinzièmes au classement. Je suis écœuré de torcher une gang de petits bébés, je m'en vais dans le bus. Ramassez votre équipement vous-même, intervient Chico qui prend la parole dans le vestiaire pour la première fois depuis qu'il occupe le poste de préposé à l'équipement des Huskies.

Les propos de Richard Caisse ont secoué tout le monde. Chacun se sent visé et, depuis son départ, le silence règne dans le vestiaire. La brève allocution de Chico a aussi estomaqué les joueurs. Toujours affable et souriant, personne ne l'avait vu en grogne auparavant. Toutefois, ce qu'aucun joueur ne sait, c'est que l'intervention du bon vieux Chico avait été finement planifiée par l'entraîneur-chef et qu'il a adroitement récité un texte appris par cœur quelques minutes auparavant.

Même s'ils fulminent intérieurement, les joueurs visés se déshabillent en silence, la rage au cœur. En se dirigeant vers les douches, Loiselle agrippe toutefois un de ses bâtons et il le brise violemment d'un coup sec sur sa cuisse gauche en laissant échapper un cri de frustration. Pendant que tous les regards sont tournés vers le gros défenseur de Trois-Rivières, Félix, qui n'a encore retiré que son casque et ses gants, se lève calmement et quitte la pièce sans faire de vagues. Prenant son courage à deux mains, il frappe à la porte du bureau des entraîneurs. En l'apercevant, Caisse demande à ses adjoints de quitter la pièce.

— C'est pas correct, coach, de m'accuser, commence Félix dès que la porte se referme. Moi aussi, j'en ai plein mon casque qu'on perde tous les soirs. Vous avez pas le droit de dire que j'ai mal joué parce que j'ai parlé à un gars de la télé deux heures avant la *game*. Voir si ça change quelque chose que je lui jase cinq minutes ! Je me donne comme un malade à chaque partie et quand je joue mal, je suis le premier à l'avouer, mais à soir, c'est franchement pas de ma faute si je suis moins deux, défile-t-il d'un trait.

— Je le sais que ça change rien. Dans le fond, je m'en sacre que tu parles aux médias avant les matchs, ça a toujours fonctionné comme ça avant, lui avoue Caisse à sa grande surprise. C'est ta deuxième année dans la ligue, tu devrais commencer à savoir comment ça marche. Si je veux brasser la cabane, faut que je ramasse des joueurs d'impact pis toi, je le sais que t'es capable d'en prendre, que je peux te dire n'importe quoi et que ça affectera pas ton moral ou ta façon de jouer. Penses-tu que les gars vont réagir si je plante Fréchette ? Ben non, pis tu le sais. Qui est-ce que j'ai ramassé devant tout le monde ? Mes deux gros bonshommes pis mon meilleur joueur. On va voir dans deux jours si ça a marché. Asteure, sacre ton camp avant que je sois obligé de donner un autre show, termine Caisse en lui pointant la porte.

La mise en scène orchestrée après le dernier revers n'aura pas été un coup d'épée dans l'eau. Deux jours plus tard à Cap-Breton, l'équipe de Rouyn-Noranda vend chèrement sa peau en prolongation face aux puissants Screaming Eagles qui alignent quatre anciens joueurs des Huskies. Tommy Gagné et David Labelle, obtenus il y a un peu plus d'un an dans la transaction qui a envoyé Dmitri Kovtawsky en Abitibi, ont raté l'aventure de la Coupe Memorial et ils souhaitent se reprendre cette saison. Le défenseur Justin Bishop et l'attaquant Joey MacIntosh ont rejoint l'équipe en tant que compensations ultérieures à ce même pacte avec les Huskies et leur expérience du printemps dernier vaudra son pesant d'or lors des séries éliminatoires.

Le lendemain, la troupe de Richard Caisse remporte son premier affrontement du voyage en disposant des Islanders à Charlottetown. Quarante-huit heures plus tard, la formation abitibienne s'incline de nouveau en prolongation à Saint John. Les Huskies rentrent finalement à la maison avec une récolte acceptable de quatre points en six parties dans les Maritimes et s'accrochent ainsi à la quinzième position.

Pour sa part, Félix se réjouit surtout d'avoir rencontré deux nouveaux dépisteurs de la Ligue nationale : Bill O'Reilly des Blue Jackets de Columbus et Victor Dahl des Sharks de San Jose. Leur approche se voulait semblable à celle des autres recruteurs et il s'agissait de discussions informelles pour jaser un peu et apprendre à connaître le numéro 57. Son agent a informé Félix qu'avec sa cinquante-neuvième position au classement des meilleurs espoirs nord-américains, selon la centrale de recrutement de la LNH, de plus en plus de dépisteurs l'attendraient maintenant après les rencontres. Malheureusement, l'équipe revient à la maison pour un prochain séjour de deux semaines à domicile. Le jeune attaquant des Huskies risque maintenant de passer sous les radars puisqu'il est très rare que des équipes délèguent un de leurs hommes en Abitibi.

Lors du retour de la formation à Rouyn-Noranda, c'est Loïc Penosway qui se retrouve sous les feux de la rampe. Pendant l'absence de l'équipe, Dany Lafrenière est finalement parvenu à mettre Paul Murphy en contact avec Carey Price et, après avoir examiné la proposition du Conseil de la nation anishnabée de Lac-Simon et analysé le calendrier du Tricolore, le gardien vedette du Canadien a aimablement accepté d'aller prendre la parole devant les gens de la réserve et l'organisation de l'équipe junior. Annoncée conjointement par les Huskies et les dirigeants de la communauté algonquine dans le cadre d'une conférence de presse très courue, la nouvelle a l'effet d'une bombe à travers toute l'Abitibi. L'événement tant attendu se déroulera dans un peu moins d'un mois, soit le dimanche premier mars. Ce brunch permettra de souligner l'accomplissement de Penosway, le premier hockeyeur de la réserve à se tailler un poste dans la LHJMQ. Vue d'un très bon œil, la future visite de Price à Lac-Simon mérite même quelques lignes dans les grands quotidiens montréalais.

Cette annonce apporte un baume sur la saison décevante de la formation. Hormis quelques partisans beaucoup trop optimistes, tous anticipaient de pareils déboires avec le départ des meilleurs éléments de l'équipe. La réalité frappe quand même durement Rouyn-Noranda. Toujours installée au quinzième échelon, la troupe de Richard Caisse demeure dans une position précaire avec une mince priorité de trois points sur les Tigres de Victoriaville, qui occupent la dernière place donnant accès aux séries éliminatoires. Suivent ensuite, pas très loin derrière, les Islanders de Charlottetown et les Cataractes de Shawinigan.

La séquence de quatre parties à l'aréna Iamgold ne vient pas remédier à la situation. Malgré bien des efforts et beaucoup de stratégie, les Huskies doivent s'avouer vaincus devant les Saguenéens, les Remparts et les Olympiques. Le prix de consolation est toutefois intéressant puisque leur seul triomphe survient face aux Islanders, ce qui leur permet de creuser l'écart avec eux. Au cours de ce séjour à domicile, Félix continue de se distinguer avec une récolte intéressante d'un but et quatre passes. Les choses se déroulent moins bien pour la coqueluche du moment : Penosway n'obtient aucun point et voit même son temps d'utilisation diminuer au profit du jeune Joyal qui semble en voie de lui ravir son poste.

Dans le vestiaire, l'ambiance a déjà été plus positive. Depuis la virulente sortie de l'entraîneur, les joueurs marchent sur des œufs et se défoncent à l'ouvrage, sans pour autant obtenir des résultats probants. Dix-huitième sur la liste de la centrale de recrutement du circuit Bettman, Cédrick Loiselle n'a jamais été aussi désagréable aux yeux de Félix. Fouetté par les propos de Caisse après le revers à Halifax, il joue désormais avec plus de hargne et de combativité, ce qui lui attire des éloges dans les journaux locaux. Tous s'entendent pour dire qu'il sera vraisemblablement réclamé en première ronde lors du repêchage de la LNH, en juin prochain. Même s'il a grandi un peu et qu'il frise maintenant les cinq pieds dix pouces, Félix demeure négligé par plusieurs experts, ce qu'il ne comprend pas du tout. Ses émotions sont comme de véritables montagnes russes. Une journée il est frustré de voir comment on l'évalue, le lendemain il s'en sert comme motivation supplémentaire pour se tuer à l'ouvrage, une autre fois il s'en fout éperdument ou il se dit que tout ce qui compte, c'est d'être repêché pour avoir un pied dans la porte d'une organisation, et que c'est ce qui devrait arriver de toute façon.

À la mi-février, les Huskies se retrouvent à l'étranger pour un week-end de deux matchs en vingt-quatre heures. Ils passent à Sherbrooke et ensuite à Blainville. Surtout réputé pour être un fabricant de jeu hors pair, Félix enfile deux buts de toute beauté le vendredi soir, lors de l'arrêt dans les Cantons-de-l'Est. En milieu de première période, il rompt une égalité de un à un en transportant la rondelle d'un bout à l'autre de la patinoire pour compléter sa manœuvre avec un tir parfait dans la lucarne. Puis, en fin de match, il coupe une passe en territoire ennemi, déculotte un défenseur, se moque d'un attaquant qui s'amenait en repli en lui faufilant la rondelle subtilement entre les patins, puis se retrouve seul devant le gardien adverse qu'il fait mal paraître avec une feinte à couper le souffle. Non seulement les Huskies triomphent cinq à trois, mais en plus, cette rencontre est télédiffusée à l'échelle nationale. Les dépisteurs de l'Ouest et de l'Ontario qui l'avaient vu bien se débrouiller l'an passé à la Coupe Memorial vont certainement être impressionnés en visionnant ses deux derniers buts.

Qui plus est, Patrick Flageol du Canadien était du nombre des spectateurs dans les gradins du Palais des sports de Sherbrooke et il l'attend après la rencontre pour lui piquer un brin de jasette. C'est la deuxième fois en un peu plus d'un mois qu'il désire discuter avec lui.

— Beaux buts, le *kid!* lui dit-il en guise de bonjour. Je savais que t'étais un pas pire passeur pis que t'avais des bonnes mains, mais j'avais aucune idée que t'étais capable de compter des buts de ce genre-là, commente-t-il en souriant.

— Ça arrive des fois! répond Félix avec fierté. Je fais pas juste *scorer* dans des filets déserts!

— Sérieusement, je trouve que t'as pris une coche. J'ai l'impression que tu joues plus au hockey et que tu cherches moins à déconcentrer tes rivaux comme tu le faisais parfois l'an passé.

— Quinzièmes au classement, on n'est pas arrangés pour écœurer personne cette année! Mais c'est certain que j'essaie de prendre moins de punitions niaiseuses. Je me concentre beaucoup sur mon jeu et j'essaie d'éviter les revirements, répond Félix.

— T'as pas eu de blessures cette année? demande le dépisteur du Tricolore.

— Non, monsieur Flageol. J'ai manqué quatre parties, mais à cause de ma suspension.

— T'as eu une commotion cérébrale, toi, l'an dernier, n'est-ce pas?

— Oui, à Québec. Le gros Loktionov à la défense m'a pincé en traître et j'ai été sur la liste des blessés pendant un mois, explique honnêtement Félix.

— C'est sûr qu'à cinq et neuf, c'est pas évident, rétorque Flageol.

— Ça a pas trop rapport, la grandeur, parce que les coups à la tête sont illégaux. Donc, ça prend un coup qui n'est pas permis pour causer une commotion cérébrale, et si un joueur décide de viser délibérément la tête, la grandeur n'est plus un facteur.

— Reste que ça demeure toujours un risque pour nous quand on fait nos listes pour le repêchage, avoue Flageol en le dévisageant curieusement.

— J'ai pas fait le tour de la ligue, mais d'après moi, la plupart des gars finissent leur carrière junior avec au moins une commotion, riposte Félix. C'est pas tout le monde qui le dit, par contre. Et ceux qui sortent du junior sans aucune commotion après trois ans, c'est peut-être parce qu'ils se promènent sur la patinoire sans aller vraiment devant le filet et dans les coins, là où ça brasse.

— En tout cas, toi, tu y vas où ça brasse, et je trouve qu'il y a une belle progression dans ton jeu. On va se revoir bientôt, mon chum, et je serai peut-être même présent demain pour votre partie à Boisbriand, conclut le dépisteur du Tricolore avant de tendre la main à Félix pour le remercier.

Content que la discussion ne s'éternise pas trop, Félix peut profiter des minutes qui lui restent avant le départ de l'autobus pour jaser un peu avec sa mère. Line a fait le voyage avec Véro et Denis Vézina les a accompagnées. C'est seulement la deuxième fois qu'il a l'occasion de voir « l'ami » de sa mère et même si Denis ne connaît absolument rien au hockey, il lui semble néanmoins assez aimable.

Vingt-quatre heures plus tard, devant plus d'une demi-douzaine de recruteurs de la LNH, Félix s'éclate à nouveau. En début de deuxième engagement, il profite d'une présence supplémentaire sur le quatrième trio pour mettre habilement la table à Scotty Bird qui complète la manœuvre en logeant la rondelle dans une ouverture béante. L'attaquant originaire des Maritimes met fin à une vilaine séquence de dix-huit parties sans but.

— *Thank you,* Rippy ! Je viens de prouver que je suis un gars de *first* trio dans le fond, lance la sympathique recrue tout sourire en retraitant vers le banc. *I hope* que la *coach* va compris, au moins !

— Si jamais il comprend pas, dis-lui en anglais pour être certain que ton message passe bien, réplique Félix, amusé par l'accent de son coéquipier qui ne disait pas un traître mot de français lors de son arrivée en Abitibi.

À la fin de la période, Félix profite cette fois d'un avantage numérique pour se mettre en valeur. Posté dans le coin de la patinoire, un peu en retrait, il reçoit une passe de Bourbonnière alors que les

Huskies sont bien installés en territoire de l'Armada. Il prend son temps, évalue ses options, puis se dirige lentement vers la ligne bleue. Ses deux défenseurs se déplacent et, quand il aperçoit Lukas Denommé couper au filet, il lui sert une passe parfaite, la rondelle se frayant un chemin à travers le trafic pour aboutir comme par magie sur la palette de son coéquipier. Denommé trouve l'ouverture et enfile son dixième but de la saison, un sommet chez les défenseurs recrues de la LHJMQ.

Malgré cette autre excellente prestation du numéro 57, Rouyn-Noranda baisse tout de même pavillon six à quatre. Pour Félix, la pilule est plus facile à avaler. Surtout que des dépisteurs de la Ligue nationale l'attendent encore après cette défaite contre l'Armada. Billy Houle (qui préfère se faire appeler « Junior ») des Canucks de Vancouver prend même en note ses coordonnées et il promet de lui envoyer un questionnaire par courriel. Félix devra le remplir et le lui retourner rapidement. Alain Lafrenière des Bruins le rencontre pour une première fois.

Bien qu'il soit ravi que deux autres formations démontrent de l'intérêt à son égard, Félix est surtout emballé à l'idée de pouvoir passer quelques minutes en catimini avec Josiane. Même s'ils demeurent régulièrement en contact et qu'ils se parlent chaque semaine au téléphone, c'est la première fois qu'ils se voient depuis la pause de Noël. Ils se sont donné rendez-vous dans les escaliers qui mènent aux loges et à la galerie de presse.

— Comment ça va, ma petite police ? demande Félix qui n'attend même pas la réponse pour commencer à l'embrasser passionnément en la plaquant doucement contre le mur.

— Qu'est-ce que tu fais dans deux semaines, pour ta fête ? questionne Josiane une minute plus tard.

— Tu parles d'une question ! J'ai rien de prévu et je sais même pas quel jour de la semaine ça tombe cette année, réplique Félix en lui caressant les cheveux délicatement.

— Le vingt-huit février, ça tombe un samedi, pis si t'es pas engagé avec une groupie, je serais partante pour passer la fin de semaine à Rouyn-Noranda avec toi. Je pense que Carl et Cynthia viendraient aussi. Ils ont cassé après le jour de l'An, mais ils ont repris la semaine passée. J'espère qu'ils seront encore ensemble dans deux semaines, on sait jamais avec eux !

— OK… je regarde ça lundi ou mardi, abrège Félix avant de coller à nouveau ses lèvres sur celles de Josiane. Faut que je me pousse pour pas manquer le bus ! Merci d'être venue à ma *game*… et surtout pour la petite visite dans les escaliers.

— Arrête de niaiser, Rippy ! Félix Riopel, allez, réveille-toi, répète Patrick Fréchette en le brassant dans son lit. Hey, réveille-toi, le gros. *Come on*, Rippy, faut partir pour le brunch à Penosway. *Let's go, man*, il est déjà neuf heures et demie et on part dans quinze minutes, insiste-t-il en criant presque.

Après avoir grommelé quelques mots incompréhensibles en guise de plainte, Félix se relève péniblement pour s'asseoir dans son lit. Quand il ouvre enfin les yeux, il aperçoit Fréchette qui gesticule devant lui, visiblement en état de panique. Aveuglé par la lumière qui provient du passage, il porte l'avant-bras gauche à la hauteur de son visage pour obstruer l'éclairage et mieux voir son coéquipier. Il sent son cœur résonner contre la paroi de son crâne qui veut éclater. Lentement, il commence à décrypter les paroles de Fréchette qui se perdent en écho pour aboutir entremêlées dans son cerveau ankylosé.

— Continue de te réveiller, je vais te partir une douche pendant que t'ôtes tes vêtements. On s'en va dans quinze minutes, Rippy. De l'eau froide, ça va te faire du bien, marmonne Fréchette, irrité par la situation. Tu fêtes jamais, mais quand tu fêtes, c'est pas à moitié !

Combattant un mal de tête atroce qui l'empêche de réfléchir, Félix reprend graduellement ses esprits. En sueur, assis au milieu de son lit, toujours habillé avec ses jeans et son chandail vert lime de la veille, il essaie de rassembler ses souvenirs. Il a la mémoire embrouillée. La dernière chose dont il se souvient, c'est qu'il a vomi quelque part. Probablement ici, dans la toilette du sous-sol. Il se rappelle aussi de Josiane et de lui se donnant en spectacle au milieu de la piste de danse tandis que les gens massés autour d'eux les encourageaient en frappant des mains et en criant «*Let's go,* Rippy!». C'était sans doute un peu après minuit, et ils se faisaient aller sur *Can't Hold Us* de Macklemore. Maintenant, ça lui revient, toutes les personnes qu'il croisait lui souhaitaient «bonne fête» et plusieurs d'entre elles lui offraient aimablement des *drinks* en hurlant: «Un *shooter* pour la fête à Rippy!» On aurait dit que l'Abitibi en entier voulait célébrer son dix-huitième anniversaire de naissance.

À quelle heure est-il rentré? Qui l'a ramené à sa pension? Il n'en a pas la moindre idée. Il se rappelle vaguement la discothèque puis c'est le néant jusqu'à l'épisode douloureux où il s'arrache le cœur en régurgitant à quatre pattes dans la cuvette de la toilette. Jamais de toute sa vie il ne s'est senti dans un état semblable. Comment ses amis font-ils pour faire la fête, boire et recommencer peu de jours plus tard après avoir été soumis à un supplice du genre? Il a sûrement dépassé les bornes. Une chose est garantie, il n'a pas l'intention de recommencer de sitôt.

— Allez, Rippy, viens prendre ta douche, crie Fréchette, un peu désespéré. Y a pas de temps à perdre, *dude*. On part dans dix minutes et t'as pas le choix d'être prêt. Toute l'équipe va être présentée tantôt à Lac-Simon.

— Lac-Simon… t'es pas sérieux, Fréchette? C'est pas aujourd'hui le party sur la réserve? répond faiblement Félix en se traînant péniblement vers la salle de bain. Demande-moi donc si ça me tente d'aller là aujourd'hui.

— C'est pas comme si t'avais le choix, rétorque Patrick. Tiens, prends ça, ça va t'aider, continue-t-il en lui tendant deux comprimés dans sa main gauche. Tu devrais boire du Gatorade aussi. Il paraît que ça aide à se réhydrater quand on abuse de l'alcool. En tout cas, c'est ce que mes chums disent à Drummondville.

À peine conscient, Félix remercie son ami, ferme la porte, se verse un verre d'eau et avale les pilules pour ensuite retirer ses vêtements et se glisser péniblement sous la douche. Contrairement à ce qu'il espérait, l'eau froide ne change rien. Sa tête veut éclater et il sent toujours son pouls battre frénétiquement contre sa tempe, ses jambes sont lourdes, il se sent faible et étourdi. Combien de temps restera-t-il dans cet état pitoyable? Il n'en a aucune idée, car c'est la première fois de son existence qu'il consomme autant. Félix n'a jamais aimé le goût de la bière, alors il n'en a jamais trop pris. Hier, tout a basculé sans qu'il s'en rende compte. Il dansait, il chantait et il s'amusait ferme en compagnie de

Carl, Josiane et Cynthia… puis on l'a reconnu, le groupe s'est agrandi, il a ingurgité ce qu'on lui offrait pour sa fête… ensuite, c'est le vide total. Ce n'était pourtant pas le scénario prévu pour célébrer son dix-huitième anniversaire de naissance. Quand ses amis l'ont cueilli chez les Casault, ils devaient aller au resto et ensuite sortir pour se divertir de façon raisonnable, comme c'est toujours le cas.

Où sont Josiane, Carl et Cynthia maintenant ? Dans quel état peuvent-ils bien être ? Comment est-il rentré à la maison ? À quelle heure ? Qu'est-ce qu'il a bu exactement ? Combien de consommations a-t-il avalées ? Il a mal au genou droit, est-il tombé quelque part ? Y a-t-il des gens qui l'ont pris en photo quand il était ivre ? Voilà un bon nombre de questions qui demeurent sans réponses. Pour l'instant, il doit se préparer afin de prendre l'autobus et cela lui prend tout son petit change pour y arriver.

Heureusement que Fréchette était là ce matin et il lui doit une fière chandelle. Sans son aide, il aurait certainement loupé cette importante activité d'équipe et il aurait été dans l'obligation d'inventer un prétexte stupide pour justifier son absence. Assis à l'arrière de l'autocar des Huskies, la tête accotée contre la vitre froide, il ferme les yeux pour essayer de récupérer avant l'arrivée à Lac-Simon. Avec un peu de chance, il se sentira beaucoup mieux après deux heures de sommeil supplémentaires.

11

Carey Price débarque en Abitibi

C'est une journée extrêmement importante pour toute la communauté de Lac-Simon et aucun détail n'a été négligé. Quand l'autobus approche de l'école secondaire, Dany Lafrenière prend la parole pour expliquer le déroulement de la journée à tout le groupe, puis il remet à chaque joueur des épinglettes, des stylos et deux casquettes qu'ils pourront distribuer aux enfants en guise de cadeaux.

Malgré le froid sibérien et le vent qui souffle avec vigueur, les porte-couleurs des Huskies patientent dehors en groupe et, quand l'animateur prononce leur nom, ils entrent tour à tour dans la salle sous une salve d'applaudissements. Complètement frigorifié, Félix attend qu'on le nomme en flattant un chien errant venu le renifler. Quand il entend enfin «le numéro 57, Félix Riopel», il abandonne son nouvel ami poilu sans regret pour rejoindre prestement ses coéquipiers à l'intérieur. Autant la chaleur réconfortante lui procure le plus grand bien, autant le bruit incessant lui rappelle rapidement l'état précaire dans lequel il se trouve. Si l'ambiance se veut festive lorsque l'on présente le héros local Loïc Penosway, c'est tout simplement l'hystérie quand, quinze minutes plus tard, Carey Price fait finalement son entrée dans la salle.

Vêtu d'un superbe manteau noir qui descend jusqu'à la hauteur de ses mollets, le gardien vedette du Canadien porte un chapeau de cowboy qu'il saisit de sa main droite pour saluer la petite foule en délire. Escorté par Paul Murphy et deux autres responsables du conseil de bande, Price multiplie les sourires et les poignées de main en marchant lentement vers la table d'honneur où il sera assis en compagnie des quelques dignitaires de Lac-Simon, Dany Lafrenière, Richard Caisse et le jeune Penosway.

Déjà de fort bonne humeur en raison de son jeu blanc de la veille, son sixième de la saison et un troisième en février, le gardien du Tricolore se dirige vers les deux grandes tables réservées aux Huskies et il prend la peine de saluer individuellement chacun des joueurs avant d'aller s'asseoir à la place qui lui a été assignée. Félix savait que Price possédait une bonne stature, mais il ne l'imaginait pas si grand et costaud. Comme tous ses coéquipiers, en se présentant, il s'est contenté d'un courtois « *Nice to meet you, Carey* ».

> **Félix Riopel**@Rippy57
>
> Just met @CP0031. Wow! #NiceGuy #Respect #GreatGoalie

Paul Murphy, le chef de bande, est le premier à prendre la parole. Peu à l'aise en public, mais visiblement très fier de son coup, l'homme dans la cinquantaine résume rapidement l'histoire de Lac-Simon et de la nation anishnabée, ce qui veut dire «les vrais hommes» en algonquin. Comme ses coéquipiers, Félix l'écoute d'une oreille distraite. Son mal de crâne a légèrement diminué sauf que maintenant, c'est son cœur qui chavire. Lui qui s'était toujours fait un devoir de ne pas toucher à l'alcool, jamais il n'aurait dû se rendre dans cette foutue discothèque la veille. Indisposé par la chaleur, sa tête tourne et sa vision s'embrouille un peu. Il a l'étrange impression d'être assis au milieu d'un bateau qui tangue au gré des vagues. Quand il ferme les yeux, cette sensation désagréable s'amenuise. Assis contre le mur, au milieu de la salle, il sait pertinemment que tous les regards sont tournés vers la table d'honneur, donc que personne ne remarquera s'il se permet discrètement un petit roupillon dans son coin.

Les applaudissements polis réservés à Murphy le sortent subitement de son léger sommeil. C'est maintenant au tour de Lafrenière de venir au micro.

Son allocution se révèle beaucoup plus brève. En clignant des yeux, Félix l'écoute du mieux qu'il peut et bat des mains quand les autres le font. S'il était en classe, il serait absolument incapable de répéter quoi que ce soit de ces deux discours. Orateur habile, Richard Caisse déride ensuite l'auditoire avec quelques bonnes plaisanteries et des anecdotes… tout un contraste avec le pauvre Loïc qui sera le dernier à se présenter au lutrin avant que l'on mange. Nerveux, timide et hésitant, le héros du jour lit maladroitement un texte écrit la veille et réécrit ce matin. Comme les gagnants dans les galas présentés à la télé, il remercie beaucoup trop de gens. Tout le monde y passe. Sa famille, ses amis, ses anciens entraîneurs, d'anciens professeurs d'école, toute l'organisation des Huskies en allant de Chico jusqu'à Dany Lafrenière en passant par le chauffeur d'autobus et les gens de sa pension à Rouyn-Noranda. À la toute fin, au travers du bruit de quelques conversations, Penosway lâche son bout de papier.

— Et Carey, je veux vraiment te remercier de t'être déplacé pour venir nous rencontrer à Lac-Simon. Tu es vraiment un beau modèle pour nous ici, mais aussi pour tous les joueurs de hockey au monde… Et s'il te plaît, dis au Canadien de repêcher mon ami Félix Riopel au mois de juin !

Du coup, tous partent à rire en se tournant vers Félix pour voir sa réaction. Le front appuyé sur la table, il se réveille en sursaut lorsque Mathieu Archambault lui donne une solide taloche en entendant son nom, ce qui provoque un éclat de rire général.

Pendant que Félix se demande ce qui se passe, l'animateur invite les convives à aller se servir au buffet disposé au fond de la salle, en commençant par les gens de la table d'honneur. Conscient de ce qu'il représente comme modèle auprès des Autochtones de Lac-Simon, Price se montre très généreux et affable avec tous ceux qui désirent lui parler ou prendre une photo. Pendant qu'il attend en file pour aller chercher son repas, il répond aux questions des journalistes et sourit à belles dents pour des photographies avec Penosway et quelques gamins. De retour à sa place, devant une assiette qui déborde d'œufs, de jambon et de fruits, il se penche vers Loïc.

— *What's your friend's name… the one who was asleep during your speech*? demande-t-il en murmurant.

— Le nom de mon chum qui dormait? *It's Félix Riopel, but we call him « Rippy »! He's our best player but he went out yesterday night and he's still drunk, I think!*

Price dévisage Loïc avec un regard curieux quand ce dernier lui explique que Félix est le meilleur joueur des Huskies, qu'il est sorti la veille et qu'il est peut-être encore ivre en ce moment. Affamée, la vedette ne s'étend pas sur le sujet, engloutit son assiette puis prend la parole quelques minutes plus tard. Racontant son parcours du minuscule village d'Anahim Lake jusqu'à son ascension fulgurante avec le Canadien, le gardien étoile captive son auditoire avec un témoignage touchant et très personnel. Il met surtout l'accent sur la détermination, la discipline, le rôle primordial des parents et l'importance de toujours persévérer et de ne jamais cesser de croire en ses rêves. À la fin de sa conférence, tous se lèvent en même temps pour l'acclamer chaleureusement.

Paul Murphy est parvenu à atteindre l'objectif qu'il recherchait. En plus de motiver la communauté de Lac-Simon, Price a rappelé aux Algonquins qu'ils doivent demeurer fiers de leurs racines et que tout est possible pour eux aussi à condition de faire preuve de bonne volonté.

Pendant que les invités de la table d'honneur posent pour la postérité avant de répondre aux questions des journalistes, Félix sent une bouffée de chaleur monter en lui. Les œufs brouillés et le bacon ne semblent pas réellement faire bon ménage avec son estomac fragile. Des quatre coins de la salle, les nombreuses discussions fusionnent en un seul bruit étourdissant. Il a l'étrange impression qu'un essaim d'abeilles s'amuse à lui tourner autour de la tête. Plutôt que de sortir son iPhone pour prendre des photos de Price comme les autres joueurs, il calcule qu'il est préférable de prendre la poudre d'escampette jusqu'à la salle de bain.

Même s'il donne parfois l'impression d'être un athlète plutôt froid et réservé devant les caméras de télévision, Price a multiplié les sourires, les autographes et les poignées de main. À quelques minutes de son départ, il fait néanmoins un petit signe de la tête à Murphy qui comprend tout de suite que le temps est venu de mettre un terme à ce cordial bain de foule.

Pendant que le chef de bande disperse poliment l'attroupement, le gardien du Canadien prend Loïc à part pour lui parler seul à seul quelques instants avant de partir. Trois bouts d'homme d'une dizaine d'années les suivent sans gêne en souriant. Lorsque Price les aperçoit avec leur photo de lui, il ne peut s'empêcher de sourire. Il leur demande leur nom, signe les cartons et, comme ils demeurent sur place, il entraîne le joueur des Huskies avec lui vers la salle de bain pour lui parler en privé.

— *I want you to come at the Bell Center and you will be my guest. We are friends now and I'm gonna take care of you, buddy. I'll give you my phone number and you can call me anytime if you need something.*

Comme Price termine de refiler son numéro de téléphone cellulaire à Loïc en lui précisant qu'il peut compter sur lui, un bruit sourd retentit derrière la porte de la cabine du fond. Ce n'est ni un cri de joie ni un cri de détresse, mais plutôt le son qu'émet généralement un gars dont l'estomac capitule et qui décide de faire le vide.

Curieux, Price et Loïc, qui se pensaient seuls, s'avancent afin de venir en aide au malheureux. Félix se relève, en sueur.

— *You're not feeling too good this morning, party boy*! lance Price en riant.

— *Don't worry, Carey, I'm used to it*, répond ironiquement Félix qui ne s'est jamais senti aussi idiot de toute sa vie.

À quoi bon lui expliquer qu'il est malade parce qu'il ne boit pas habituellement? Aussi bien faire de l'humour en lui disant qu'il en a l'habitude... Si Félix se fie à la réputation que traînait le gardien du Canadien au début de la vingtaine, il y a peut-être même des chances qu'il trouve ça drôle.

— *I feel better now*, lance Félix après s'être lavé les mains et le visage. *Bye, Carey, and good luck for the rest of the season and the playoffs!* poursuit-il avec un sourire en se dirigeant vers la porte de sortie pour appuyer son propos.

— *Take care, party boy*! répond Price, amusé, avant de poursuivre sa conversation avec Loïc.

Assis au fond de l'autobus, Félix commence enfin à se sentir mieux. Hormis le fait qu'il est encore faible et qu'il serait incapable de participer à un entraînement ou d'aller courir, il commence à redevenir progressivement fonctionnel. Son crâne ne le fait plus souffrir, il n'est plus étourdi et il n'a plus cette désagréable sensation d'avoir le cœur au bord des lèvres. Épuisé après sa nuit écourtée, il ferme les yeux et le sommeil le gagne presque aussitôt.

12

De l’espoir pour finir la saison

À deux semaines du début des séries éliminatoires, la visite largement médiatisée de Carey Price a contribué à faire parler en bien des Huskies. Toutefois, sur la patinoire, rien n’a changé. Les dirigeants, les joueurs, les journalistes et les partisans savaient que la patience serait de rigueur après la saison de rêve de l’année précédente. L’accepter sereinement s’avère toutefois beaucoup plus difficile.

Ne profitant d’aucune marge de manœuvre, la troupe de Richard Caisse conclut le calendrier régulier en ne remportant que deux parties sur six, se qualifiant ainsi de justesse pour les séries éliminatoires. Les Huskies terminent donc au quinzième échelon, un petit point devant Charlottetown, trois devant Victoriaville qui doit, tout comme Shawinigan, renoncer au tournoi printanier.

Au premier tour éliminatoire, Rouyn-Noranda va croiser le fer avec Chicoutimi, qui vient de terminer la saison en force avec une heureuse séquence de sept victoires. Les experts disent de façon unanime que les Saguenéens ne feront qu'une bouchée des Huskies.

— Tant qu'à se faire éliminer en partant, on aurait été pas mal mieux de glisser en seizième place pour pogner Québec, commente Cédrick Loiselle alors qu'il entre dans l'aréna Iamgold en même temps que Félix.

— Je vois pas le rapport, Loiselle.

— Rippy, penses-tu voir beaucoup de dépisteurs de la Ligue nationale pour nos *games* de séries à Chicoutimi pis Rouyn-Noranda ? Je te gage qu'il y en aura même pas un ! Tandis que si on avait joué contre les Remparts en première ronde, on aurait au moins eu la chance de se faire voir au Colisée, à Québec.

— Je comprends ce que tu veux dire, Loiselle, sauf que ça change plus grand-chose rendu là, répond Félix. Les dépisteurs ont eu le temps d'évaluer tout ce qu'ils voulaient depuis le début de l'année.

— Ça paraît que tu seras pas repêché en première ronde, toi, réplique Loiselle avec un air condescendant. Ça, c'est si t'es repêché, Rippy ! C'est à partir de jeudi que ça compte pour vrai. Pour un espoir comme moi qui devrait sortir en première ronde, connaître de bonnes séries pourrait me faire grimper de quelques places au mois de juin.

« Quelle plaie », se dit Félix en se dirigeant vers le vestiaire.

— Ça dépend comment tu joues, réplique-t-il, incapable de se retenir. Des mauvaises séries, ça peut te faire descendre aussi. De la façon dont t'as fini l'année, dis-toi que c'est parfait qu'on pogne Chicoutimi.

Depuis l'arrivée de Loiselle avec les Huskies il y a un peu plus d'un an, Félix ne lui a pratiquement jamais adressé la parole. À l'époque du midget AAA, ces prises de bec enfantines faisaient partie du quotidien, et c'était même souvent lui qui allumait la mèche avec un commentaire cinglant. Depuis qu'ils sont ensemble à Rouyn-Noranda, il y a certes eu trois ou quatre petites tentatives de réconciliation, cependant Félix n'a en aucun temps été de bonne foi. Il déteste Loiselle à s'en confesser. De son côté, ce qui le frustre le plus de la situation, ce n'est pas que les recruteurs ne le verront pas, mais plutôt qu'il se retrouvera théoriquement en vacances dans une dizaine de jours et que l'attente deviendra alors interminable avant le repêchage de la LNH.

Audacieux et doté d'un flair exceptionnel, Richard Caisse s'est bâti une réputation enviable, car il est un travailleur acharné, un entraîneur méthodique et un homme passionné par son métier. Il sait indubitablement que les Saguenéens ne devraient faire qu'une bouchée de son équipe. Malgré tout, depuis deux jours, il s'entête à trouver des failles dans le jeu de cette formation redoutable qui a presque coiffé Québec au premier rang du classement général. C'est David contre Goliath ! Dans les médias, il sort les violons et encense chaque jour l'équipe de Chicoutimi qu'il place parmi les favorites pour remporter la Coupe Memorial. Il souhaite qu'en agissant ainsi l'adversaire arrive confiant.

Comme c'est souvent son habitude, Caisse prépare sa troupe en tenant un mini-camp de trois jours. Le matin, une séance vidéo servant à décortiquer la stratégie des Saguenéens est à l'horaire, puis l'équipe saute sur la glace pour travailler spécifiquement sur son jeu en défensive. Il sera primordial de respecter le plan de match et de limiter les erreurs afin de contrer la puissante machine offensive de l'adversaire. Après un repas d'équipe et une brève période de repos, les joueurs enchaînent avec une séance de yoga et retournent sur la patinoire une deuxième fois pour un entraînement axé principalement sur le travail des unités spéciales. Quand l'équipe quitte Rouyn-Noranda en direction de Chicoutimi, aucun détail n'a été négligé. Caisse a préparé ses gars comme s'ils avaient des chances de sortir victorieux de cet affrontement inégal.

Il règne une ambiance de fête aux abords du Centre Georges-Vézina avant le premier match éliminatoire à Chicoutimi. Malgré les minces chances des Huskies, deux autobus de partisans ont fait le voyage pour encourager leurs favoris. Contrairement à ce que Loiselle et plusieurs autres avaient prédit, une demi-douzaine de dépisteurs de la LNH assistent à ce match. Les Remparts accueilleront les Islanders le lendemain et l'occasion est intéressante pour les recruteurs puisque seulement deux heures de route séparent les deux villes.

Champions des séries éliminatoires la saison précédente, les Huskies ne ressemblent plus en rien à l'équipe qui est venue si près de mettre la main sur la Coupe Memorial. La moitié des joueurs de l'équipe disputeront dans quelques minutes le premier match de leur carrière en séries dans la LHJMQ.

Richard Caisse entre dans le vestiaire en se frottant les mains.

— Le fun commence, les *boys*. C'est le meilleur moment de l'année. C'est la raison pour laquelle on joue au hockey. Comme je vous l'ai dit cent fois cette semaine, tous les petits détails font des différences énormes, toutes les petites décisions peuvent changer la *game*, toutes les petites erreurs coûtent cher. Dans cinq ou six minutes, vous allez vous battre en équipe, vous allez aussi vous battre pour vous-mêmes, poursuit-il, le regard et la voix intenses. On se fera pas de cachettes, le visage du club va changer la saison prochaine. Y en a qui reviendront pas s'ils laissent pas une très bonne impression en séries. C'est l'occasion de me prouver que je peux compter sur vous quand ça compte. Vous êtes rendus dans le monde des adultes pis ça fait longtemps que vous savez que le père Noël existe pas. Les Sags vous feront pas de cadeaux et moi non plus. Les seules personnes qui peuvent changer les pronostics, c'est vous autres. La vie, c'est l'accumulation de plusieurs petites décisions; tu tournes à droite plutôt qu'à gauche et tout bascule, tu dis oui au lieu de dire non et y a plus jamais rien de pareil… c'est la même chose avec le hockey. Tu bloques un tir et ça change complètement la *game*, tu tires au lieu de passer et ça change la *game*, tu frappes un gars et ça change la *game*… pis tout ça mis ensemble, ça change une série et ça peut changer une vie, conclut Caisse de façon dramatique.

L'entraîneur fait une pause et s'écrie:

— *Let's go, guys! Let's do it!*

Au banc des Huskies, Félix a de la difficulté à se contenir pendant l'hymne national. Inspiré par le discours de son entraîneur, il sent que ses coéquipiers et lui peuvent réussir l'impossible s'ils parviennent à faire front commun. Il regarde attentivement autour de lui et il est persuadé que tous ressentent la même chose.

Caisse a envoyé son quatrième trio sur la patinoire pour amorcer la rencontre. Skerritt, Lecours et Bird eux-mêmes se demandent ce qu'ils font là et ils n'ont pas l'intention de décevoir leur entraîneur. Dès que la rondelle bondit sur la glace, Lecours la récupère et Cholette s'en empare ensuite. Il fait quelques enjambées et lobe le disque en fond de territoire des Saguenéens. Les trois attaquants des Huskies se précipitent pour frapper tout ce qui bouge, avant de revenir au banc en trombe pour effectuer des changements. Les hommes de Richard Caisse conservent cette cadence infernale tout au long du premier vingt et retraitent au vestiaire avec une égalité de zéro à zéro. Zdenek Jedlicka a même failli procurer les devants aux siens lorsque son tir a malencontreusement frappé les deux poteaux. Qu'à cela ne tienne, les visiteurs surprennent leurs rivaux en marquant deux fois lors de la période médiane. Patrick Fréchette met d'abord un terme à une séquence de huit parties sans but quand son tir dévie sur le patin du défenseur Hubert Gravel, puis Liam-Tomas Joyal couronne un bel échange entre les deux Tchèques. Il marque aussi à son premier match en séries dans la LHJMQ.

En troisième, Caisse modifie son approche et fait surtout confiance à ses vétérans. Vanelli,

Archambault, Lecours, Loiselle, Cholette, Rozon et Riopel sont employés à profusion alors que Denommé est la seule recrue à voir passablement d'action. Constamment repliés en défensive, n'attaquant qu'en de rares occasions, les Huskies pratiquent un style de jeu hermétique et frustrant. En milieu de troisième, forçant la note pour provoquer un premier but, les Saguenéens se compromettent en territoire neutre et Félix en profite pour décamper à deux contre un en compagnie de Vanelli. Il regarde sur sa droite pour faire une passe, feint un tir en ramenant la rondelle vers lui puis la refile du revers à son coéquipier, qui touche la cible. C'est trois à zéro pour Rouyn-Noranda et il règne un silence effrayant dans le Centre Georges-Vézina.

— On est là où on voulait être, lance calmement Caisse au centre du vestiaire après la victoire des siens. On a joué du hockey impeccable. On a été patients, disciplinés, on s'est occupés des petits détails et on a sacrifié nos corps. On mène la série, continue-t-il après une courte pause. Mais plus important encore, on vient de créer un doute dans l'esprit de nos adversaires. Je suis fier de vous, les *boys*.

Félix Riopel@Rippy57

Grosse victoire à Chicoutimi, mais tout est à recommencer dans 2 jours. #Huskies #LHJMQ #Playoffs

Le lendemain midi, après le léger entraînement des Huskies, Rodrigue Brassard, dépisteur des Blackhawks au Québec, attend Félix pour s'entretenir avec lui.

— Tant qu'à arriver à Québec à midi et rien faire de la journée, je me suis dit que ça valait la peine de venir te jaser après ton entraînement, avoue-t-il après s'être présenté. Vous m'avez surpris en cibole hier!

— Je pense que les Sags ont été encore plus étonnés! répond Félix, qui ne sait pas trop quoi dire de plus.

— On se connaît pas, Félix, mais je passerai pas par quatre chemins, c'est pas mon genre de toute façon. Ton nom est sur la liste des gars qui nous intéressent pour le repêchage pis j'aurais une couple de questions pour toi, si t'es pas pressé.

— On n'a rien avant le souper d'équipe à six heures… je suppose qu'on a le temps en masse, rétorque Félix en cachant habilement son enthousiasme.

— Parfait! On va aller s'asseoir dans un restaurant et on pourra *luncher* en même temps.

Fort aimable, le recruteur dans le milieu de la soixantaine commence par expliquer son travail et son cheminement dans le hockey pour ensuite énumérer rapidement les noms des joueurs de la LHJMQ qu'il a contribué à faire repêcher dans la LNH par les Hawks ou ses anciens employeurs de

Hartford et Saint Louis. Si les autres dépisteurs se contentaient la plupart du temps de poser des questions vagues, Brassard, lui, va droit au but et il prend des notes. Son ordinateur portable posé sur la table, il mange tranquillement une assiette de spaghetti sauce à la viande tout en interrogeant Félix. « Qui est ton idole dans la LNH ? À qui te compares-tu ? Quel genre de joueur crois-tu que tu deviendras ? Quels sont tes meilleures qualités et tes pires défauts comme joueur de hockey et comme individu ? Qui t'a le plus aidé à devenir le joueur que tu es ? Quel rôle aimes-tu tenir dans un club ? Quel est ton dernier championnat gagné, ton plus bel accomplissement et ton plus beau souvenir au hockey ? »

Brassard lui réserve également un paquet de questions qui l'amènent à réfléchir sur ses coéquipiers. « Qui devrait se retrouver sur la glace quand vient le temps d'aller marquer un but, de protéger une avance ou de provoquer quelque chose ? Avec qui partirais-tu à la guerre ? Qui présenterais-tu à ta sœur ? Quand ça va mal, qui peut se lever dans le vestiaire et avoir un impact positif ? Qui échangerais-tu et qui garderais-tu absolument si tu étais entraîneur ? Quel joueur irais-tu chercher ailleurs dans la LHJMQ ? » Et pour chaque réponse, le dépisteur des Blackhawks enchaîne presque toujours avec une sous-question et développe ensuite sur le sujet avec Félix.

— Si tu étais perdu en plein milieu de la forêt, quel coéquipier voudrais-tu avoir à tes côtés ? demande Brassard en poursuivant son questionnaire.

— Loïc Penosway, répond Félix sans aucune hésitation.

— Et pourquoi Penosway plus qu'un autre ? demande machinalement le sexagénaire.

— Me semble qu'un Indien, ça doit être bon en maudit pour retrouver son chemin dans le bois. Je vois pas qui d'autre pourrait être meilleur que Penosway !

Brassard, qui terminait du même coup son assiette en notant la réponse, s'étouffe tellement il trouve drôle la réflexion de Félix. Le visage rouge à force de rire de bon cœur, il avale une grande gorgée d'eau puis essaie de reprendre son souffle.

— T'es un petit vite, Riopel ! Je pose toujours cette question-là aux gars que je rencontre et t'es le premier à me sortir une affaire de même, explique-t-il en riant encore. C'est vrai que c'est le meilleur choix possible !

Après avoir blanchi les Saguenéens sans difficulté lors de la première partie, le gardien Francis Ouellette voit beaucoup plus de caoutchouc lors du deuxième affrontement. Les Huskies demeurent fidèles au plan de match de l'entraîneur, sauf que leurs rivaux ne les prennent pas à la légère cette fois-ci et offrent un effort nettement plus convaincant. Dans un match âprement disputé, Chicoutimi et Rouyn-Noranda s'échangent des buts, de sorte qu'après soixante minutes de jeu, les deux clubs se retrouvent avec une égalité de trois à trois. Il faudra donc se rendre en prolongation.

La première période supplémentaire tire à sa fin et l'impasse persiste toujours quand le jeune Lukas Denommé sert une bombe à Roman Slavik qui détale à toute allure entre les deux défenseurs des Saguenéens pour enfiler un but spectaculaire grâce à un tir du revers dans la lucarne. Les Huskies viennent de voler un deuxième match en territoire ennemi et c'est la consternation dans le Centre Georges-Vézina.

> **Félix Riopel**@Rippy57
>
> De retour à la maison à 2-0. Rien n'est impossible #Huskies #Playoffs

Comme c'est parfois le cas dans bien des villes, la relation d'amour entre une équipe de hockey et ses partisans repose habituellement sur des bases émotives et trop souvent irrationnelles. Bien entendu, Rouyn-Noranda n'y échappe pas. Il y a une semaine à peine, les amateurs ne trouvaient presque rien à dire de positif sur la saison de leur club préféré et maintenant, plusieurs sont persuadés qu'un petit miracle est en train de se produire dans la LHJMQ et qu'ils en seront des témoins privilégiés.

Avant le premier match des séries à l'aréna Iamgold, Richard Caisse tente de bien faire comprendre à ses troupes que rien n'est terminé. Selon son évaluation, les Saguenéens auraient mérité de remporter la dernière partie et cette série devrait être égale à une victoire de chaque côté. Il sera encore plus important de respecter l'adversaire.

— Y a rien de plus dangereux qu'un animal blessé. Quand tu t'en approches, même avec de bonnes intentions, il risque de te mordre. Les Sags sont blessés… et ils vont vouloir mordre. Ils vont vouloir nous arracher la peau. C'est primordial qu'on connaisse notre meilleur début de match de l'année. On a réussi à jouer dans leur tête à Chicoutimi et, si on marque les premiers, ils vont se poser encore plus de questions. Ils vont commencer à paniquer pis quand tu commences à paniquer, tu réfléchis pas, tu fais des erreurs, tu précipites tes jeux pis tu deviens indiscipliné. *Let's go ! Let's kick some ass !*

Richard Caisse avait vu juste. Or, malheureusement pour lui, ce ne sont pas ses hommes qui partent en lion. Les Saguenéens disputent une de leurs meilleures périodes de la saison. Les visiteurs imposent leur loi. Ils patinent plus vite, lancent plus régulièrement, effectuent de meilleures passes, frappent plus fort et plus souvent pour rentrer au vestiaire avec une écrasante avance de quatre à zéro après seulement vingt minutes de jeu, ce qui refroidit les ardeurs des partisans des Huskies.

Sans abdiquer, Caisse donne la chance à ses employés de soutien de jouer fréquemment afin de reposer ses éléments clés en prévision du prochain affrontement et le jeune Didier Lapointe amorce le second engagement devant la cage des Huskies. Les visiteurs l'emportent aisément huit à un pour ainsi remettre les pendules à l'heure.

> **Félix Riopel**@Rippy57
>
> Une défaite, c'est une défaite, que ça soit 2-1 en prolongation ou 8-1. Toujours confiants. Never give up. #Huskies

Nettement plus talentueux, les Saguenéens, qui avaient probablement sous-estimé l'opposition, sont revigorés par ce gain incontestable. Vingt-quatre heures plus tard, ils viennent de nouveau vaincre les Huskies à domicile. Cette fois, Chicoutimi l'emporte quatre à deux pour ramener tout le monde à la case départ. Plus la série avance, et plus il devient évident que l'inexpérience des jeunes Slavik, Jedlicka, Penosway, Boucher, Joyal, Bourbonnière,

Fréchette, Bird et Denommé fait très mal à Rouyn-Noranda.

De retour devant leurs partisans pour le cinquième duel, les Saguenéens démontrent qu'ils n'ont pas terminé deuxièmes par accident et qu'ils possèdent autant de caractère que de talent. Ils enlèvent les honneurs d'un troisième match de suite pour prendre enfin les devants dans leur série. Dans cette défaite de sept à quatre, Félix s'illustre avec trois mentions d'aide en avantage numérique.

> **Félix Riopel**@Rippy57
>
> On a gagné les 2 premières games. On peut gagner les 2 dernières. Never give up #Huskies #Playoffs

Richard Caisse a beau jongler avec ses trios, utiliser Riopel, Vanelli ou Archambault le plus souvent possible, il faut se rendre à l'évidence, ce n'est pas toujours David qui bat Goliath!

Lors du sixième affrontement, faisant face à l'élimination à l'aréna Iamgold, les Huskies vendent chèrement leur peau. Voyant son club tirer de l'arrière trois à deux avec un peu plus de quatre minutes à écouler au troisième engagement, Richard Caisse reçoit un cadeau du ciel quand les Saguenéens se font surprendre avec un homme en trop sur la patinoire. Rapidement, il demande un temps d'arrêt pour expliquer à ses gars la stratégie à adopter pour cet avantage numérique crucial. Après avoir pris la mise en jeu, sans perdre de temps, Félix effectuera une permutation de position avec Vanelli pour aller se placer à la pointe en compagnie de Denommé alors qu'Archambault et Penosway travailleront devant le filet de l'adversaire. Si les visiteurs parviennent à écouler la première minute de la punition, le gardien Francis Ouellette a ordre de rentrer au banc pour permettre de lancer un autre attaquant dans la mêlée.

Encouragés par une foule qui refuse de voir la saison de son équipe prendre fin en première ronde, les Huskies réussissent à s'établir confortablement en territoire ennemi alors que la rondelle se promène d'un joueur à l'autre sans que les Saguenéens soient en mesure de l'intercepter pour dégager. Incapables de prendre un lancer de qualité, les hommes de Richard Caisse continuent de faire voyager le disque en souhaitant finir par trouver une brèche et décocher un tir vers le filet. Posté à la ligne bleue comme convenu, Félix reçoit une passe sautillante qu'il ne peut maîtriser correctement. Il tente de repousser la rondelle contre la rampe, mais Émile Laliberté s'en empare et déguerpit seul vers Ouellette. Patient, le gardien des Huskies attend que son rival se compromette puis, à la dernière seconde, il étire le bras pour harponner le disque. Laliberté tire au même instant et la rondelle se fraie un chemin entre les deux jambières de Ouellette.

Ce but porte le pointage à quatre à deux et jette une douche froide dans l'amphithéâtre. Refusant de rendre les armes, Caisse retire son gardien au profit d'un attaquant supplémentaire puisqu'il reste encore une minute à écouler à la supériorité numérique. Mais la stratégie échoue et l'adversaire ajoute un but d'assurance en dégageant dans un filet désert. Les Huskies s'inclinent cinq à deux et sont éliminés en six parties.

Pour un club qui a terminé la saison régulière au quinzième échelon, Rouyn aura à tout le moins le mérite d'avoir rendu la vie beaucoup plus difficile que prévu aux Saguenéens.

Félix Riopel@Rippy57

Bravo aux Sags. On a tout donné. À l'an prochain. See u next year. #Huskies

13

En route vers Vancouver

Deux mois se sont écoulés déjà depuis l'élimination des Huskies. Ses cours au cégep terminés, Félix est de retour au bercail. Classé cinquante-neuvième espoir chez les patineurs nord-américains, il a vu sa position s'améliorer légèrement lors du dernier rapport de la centrale de recrutement de la Ligue nationale. Maintenant au cinquante-septième rang, il se fie aux prévisions de certains experts qui croient qu'il pourrait être repêché vers la quatrième ronde. Il y aura beaucoup de bons gardiens disponibles cette année et la cuvée européenne est également de qualité, ce qui explique pourquoi Félix ne devrait quand même pas entendre son nom résonner très tôt.

Il a grandi un peu au cours de la dernière saison pour maintenant dépasser la barre des cinq pieds neuf pouces. De plus, il a pris un peu de poids, sauf que la balance s'arrête quand même à cent cinquante-six livres. Cette charpente squelettique rebute plusieurs formations et quelques spécialistes avancent même qu'on pourrait complètement l'ignorer lors du repêchage de la LNH, le vingt-deux juin prochain, à Vancouver. Pourtant, avant de revenir à Louiseville, Félix a déjà eu des entretiens personnels avec des représentants de Montréal, Los Angeles, New York, San Jose, Columbus, Boston, Vancouver et Chicago. Son agent Christian Champagne a discuté avec plusieurs équipes et il estime qu'une douzaine d'organisations pourraient le placer sur leur liste finale. Or, plusieurs facteurs peuvent encore influencer leurs décisions d'ici les trois prochaines semaines. Pour toutes ces raisons et parce que se déplacer trois ou quatre jours à Vancouver entraîne des déboursés importants, il n'est pas assuré à ce moment-ci que Félix fera le voyage jusqu'en Colombie-Britannique.

Chaque jour, Félix s'entraîne comme un forcené. Il n'a qu'un seul objectif en tête, ajouter un peu de masse musculaire pour franchir la barre psychologique des cent soixante livres. Souhaitant désespérément que d'autres clubs se manifestent, il ne se sépare pas une seule seconde de son téléphone portable, vérifiant presque chaque minute ses messages textes et ses courriels. Toutes ses pensées convergent vers la journée du vingt-deux juin. En compagnie de Carl, il a passé deux soirées entières à scruter attentivement les repêchages des dix dernières années, compilant toutes les sélections des joueurs mesurant moins de cinq pieds dix pouces pour ensuite comparer leurs statistiques avec les siennes. Ses vingt et un buts et ses cinquante-deux passes lui donnent un total de soixante-treize points en soixante-quatre parties. Plusieurs autres attaquants de son âge et mesurant moins de six pieds ont amassé plus de points que lui. Il espère toutefois que les dépisteurs prendront en considération qu'il a terminé au premier rang des marqueurs de son équipe et que les Huskies pratiquaient un style de jeu axé sur la défensive.

Ignoré par la centrale de recrutement qui avait invité les meilleurs espoirs à Toronto pour une série de tests physiques et psychologiques, Félix reçoit une autre gifle au visage à moins de deux semaines du grand jour. Cette fois, c'est son ego qui est écorché quand il découvre que la une du cahier des sports du quotidien mauricien *Le Nouvelliste* est consacrée à Cédrick Loiselle. Le journaliste à qui il a parlé deux jours plus tôt n'a écrit que quelques lignes sur lui dans un texte complémentaire.

Le Nouvelliste – SPORTS

Malgré le petit gabarit de Félix Riopel, quelques clubs pourraient être tentés de courir un risque avec lui.

Félix hoche encore la tête. C'est la quatrième fois qu'il relit l'article sur le gros défenseur de Trois-Rivières et il est toujours aussi abasourdi par cette histoire élogieuse à l'endroit de son coéquipier quand le téléphone sonne chez sa mère. Son agent Christian Champagne ne se doute pas du tout que son appel tombe à point.

— J'ai une bonne nouvelle, Félix! dit-il sans prendre le temps de le saluer. Tu vas être obligé de venir à Vancouver, car il y a des clubs à qui tu as déjà parlé qui veulent te revoir et en plus Ottawa, Edmonton et Philadelphie veulent maintenant te rencontrer. Et d'ici deux semaines, il y en aura probablement d'autres qui vont s'ajouter. Comme je te l'ai déjà dit, ça ne garantit absolument rien et c'est possible que tu repartes sans avoir été repêché, sauf qu'il faut que tu sois là pour les rencontrer.

— Cool! Philadelphie repêche presque toujours des joueurs du Québec, en plus, commente Félix. Ottawa… ils ont pas trop le choix de me jaser, y sont juste à côté. Qu'est-ce qu'on fait pour ma mère et ma sœur?

— Je leur paye aussi le billet d'avion, mais vous serez obligés de partager la même chambre d'hôtel. On part jeudi à midi à Dorval. Arrivez à dix heures, on va se rejoindre au comptoir d'Air Canada. Jeudi soir pis vendredi, tu vas être pas mal occupé, je pense!

Assis dans l'avion, Félix écoute Champagne lui répéter des directives qu'il a déjà entendues. Comme c'est le cas pour tous les autres jeunes espoirs, son agent l'a déjà préparé habilement en lui expliquant tout ce qui l'attendait et la façon dont il devra se comporter. Jusqu'à présent, aucun dépisteur ne l'a pris par surprise avec des questions qu'il n'attendait pas. Cependant, à compter de maintenant, ce sera beaucoup plus intimidant, car il sera confronté aux équipes de recruteurs et, la plupart du temps, aux directeurs généraux et aux entraîneurs-chefs.

Les organisations se prêtent au même genre d'exercice de leur côté en passant en revue leur stratégie pour les rencontres individuelles. L'objectif demeure sensiblement le même pour chaque équipe. Tous ont vu et examiné attentivement les performances sur la patinoire, ils doivent maintenant essayer de découvrir la personnalité et le caractère des jeunes qu'ils ont dans leur mire. Ils ont tous étudié le contenant, ils doivent deviner le contenu. Le repêchage étant loin d'être une science exacte, les clubs tentent de prédire ce que pourraient devenir ces jeunes prometteurs. En gros, ils cherchent à en apprendre le plus possible sur l'éthique de travail, la maturité, le leadership, l'environnement familial et la passion des espoirs qu'ils reluquent. Et c'est un défi de taille, car ils ont toujours l'impression d'entendre un agent répondre à leur place. Les jeunes sont programmés comme des robots et, chaque année, les organisations se cassent la tête pour les déstabiliser ou les mettre dans un climat de confiance et ainsi les voir baisser leur garde.

À peine arrivé à Vancouver, Félix rencontre l'état-major des Oilers d'Edmonton dans une petite salle de conférence de l'hôtel Westin Bayshore. Une douzaine d'hommes l'attendent, assis autour d'une grande table, prêts à le bombarder de questions. Gary Leclerc, le dépisteur du Québec, est responsable de l'entrevue. Curieusement, Félix n'a aucun souvenir de lui. Au début, il n'y a que Leclerc et le directeur général qui se permettent de l'interroger. L'ambiance est cordiale, et Félix est même surpris de les trouver simplement vêtus de jeans et de polos à l'effigie des Oilers. À la fin de l'entrevue, le psychologue prend la relève pour lui demander deux ou trois petites choses plutôt étranges.

— À quel type de voiture te comparerais-tu ?

— Sans y penser, je dirais une Mini Cooper. Je me dis que, vous, les dépisteurs ne raffolez pas des petits joueurs et que probablement aucun d'entre vous ne conduit une Mini Cooper, par contre vous savez que c'est une voiture fiable et sécuritaire. C'est une auto qui vous en donne pour votre argent, économique en carburant et qui a beaucoup de gueule. C'est peut-être pas la grosse BMW que tout le monde regarde passer, mais la Mini Cooper va faire la même job.

La réponse de Félix fait sourire tout le monde. Les dépisteurs veulent savoir s'ils se retrouvent devant un gars allumé et Félix vient de leur démontrer qu'il possède une belle vivacité d'esprit. Le psychologue des Oilers a posé cette question à tous ceux qui ont défilé dans la salle. Même si le patron se montre plutôt perplexe quant aux résultats obtenus, selon le spécialiste, la réponse permet de savoir si le jeune peut s'autoévaluer correctement. Le matin même, Cédrick Loiselle s'était comparé à un Hummer en se contentant de dire qu'il était gros et fort. Et quand le psychologue lui avait fait remarquer en blaguant qu'il s'agissait d'un véhicule polluant, le gros défenseur s'était contenté de répondre: «Polluant... mais légal. J'en ai un, Hummer, à Trois-Rivières. Si le gouvernement trouve pas que c'est trop polluant, j'ai le droit d'en conduire un. C'est pas moi qui fais les lois.» En analysant cette simple boutade, le psychologue a déduit que Loiselle n'était pas véritablement un joueur d'équipe, ce qui lui a fait perdre des points dans sa grille d'évaluation... sauf que le patron de l'équipe, présent dans la salle, possède lui-même un Hummer!

Malgré les trois heures de décalage, Félix peine à trouver le sommeil, le soir venu. Tandis qu'à sa gauche Line et Véronique dorment profondément dans l'autre lit, lui revoit le fil de sa journée. La rencontre avec les Oilers semble s'être plutôt bien déroulée et il se demande ce que lui réserveront maintenant les vingt-quatre prochaines heures. Demain, il rencontrera Ottawa et Philadelphie en début de matinée, Montréal et Boston un peu après l'heure du lunch. Chicago désire le revoir en fin d'après-midi et une rencontre est aussi prévue en début de soirée avec Détroit.

Pendant que sa mère et sa sœur se préparent à quitter l'hôtel pour aller déjeuner et visiter Stanley Park, Félix et Christian Champagne se présentent déjà à leur premier rendez-vous de la journée. Malgré la chaleur accablante, l'agent lui a ordonné de porter des jeans et une chemise à manches longues. Quand il représente plutôt un colosse à la musculature imposante, il lui demande de venir aux entrevues en bermuda et t-shirt moulant dans le but d'impressionner ses interlocuteurs. Dans le cas de Félix, il lui mentionne à la blague qu'un poncho aurait peut-être été l'idéal pour lui.

En quittant la salle de l'hôtel Pan Pacific, Félix se demande si les Sénateurs ne l'ont pas tout simplement invité par pure courtoisie. La rencontre n'a duré qu'une dizaine de minutes et on ne lui a posé que des questions de base. De plus, leur dépisteur responsable de surveiller les joueurs de la LHJMQ n'a pratiquement pas dit un mot, l'entrevue étant majoritairement menée par le recruteur en chef.

On le cuisine beaucoup plus lors de l'entretien suivant: les Flyers semblent vouloir tout savoir de sa vie. Déjà au fait de plusieurs informations personnelles, ils le questionnent sur sa relation avec sa mère ainsi que sur le décès de son père et le vide qu'a entraîné son départ aussi précipité que tragique. On l'invite aussi à commenter des événements importants de sa carrière, comme la fois où il a frappé la barre horizontale en prolongation lors de la finale de la Coupe Memorial, un an auparavant. Les hommes qui se retrouvent devant lui semblent vraiment tout connaître de ses faits et gestes. On va même jusqu'à lui demander s'il apprécie sa vie de célibataire en prenant soin de spécifier dans la question qu'on sait qu'il n'est plus en couple depuis août de l'année dernière.

Après avoir rapidement cassé la croûte dans un petit restaurant de sushis situé dans la rue Burrard, Christian Champagne et son client se présentent au chic Hotel Vancouver pour le rendez-vous avec le Canadien. Patrick Flageol, le dépisteur du Québec, a déjà discuté avec Félix à trois reprises cette saison et les deux hommes commencent à bien se connaître. Le jeune attaquant des Huskies estime même qu'il peut trouver un allié en Flageol. Contrairement aux rencontres précédentes, le directeur général s'implique beaucoup et pose lui-même plusieurs questions.

— C'est pas gros, Louiseville. Rouyn-Noranda aussi, c'est tout petit comme ville, commente le directeur général du Tricolore. Pour un gars de la campagne, jouer dans un marché comme Montréal ne serait sûrement pas très facile.

— Les patinoires de Louiseville pis de Rouyn-Noranda mesurent deux cents pieds de long par quatre-vingt-cinq pieds de large… comme celle du Centre Bell. La pression, c'est sur la patinoire qu'on la vit. Pas à l'épicerie ou au restaurant, répond Félix du tac au tac.

— Reste que tu n'aurais pas le même genre de vie à Montréal si jamais on te repêchait et que tu faisais la Ligue nationale un jour.

— À Louiseville et à Rouyn-Noranda, tout le monde me connaît. Excusez-moi de dire ça de même, mais là-bas, je suis le héros de la place. Si je me commande un beigne au Tim Hortons, mon coach le sait en dedans de quinze minutes. D'après moi, à Montréal, je pourrais me commander six roues de tracteur pis ça dérangerait personne, réplique Félix en riant.

— Non, mais tu comprends ce que je veux dire, insiste le directeur général, souriant.

— Si je me trompe pas, Shawinigan et Gatineau sont les deux villes du Québec qui ont produit le plus de joueurs pour la Ligue nationale. On parle pas de deux grosses villes, analyse Félix avec confiance. Y a une couple d'années, le Rocket jouait à Montréal et ce club-là a jamais vraiment développé personne. Pis y a pas plus de hockeyeurs des Remparts qui ont percé dans la ligue parce que Québec est une grosse ville. Quand t'es bon et que tu travailles fort, ce n'est pas plus de pression de jouer dans un marché où le hockey est important.

— T'es en train de me dire que c'est plus motivant?

— Pantoute. Si un gars a besoin de la foule pour se stimuler, il est mieux de devenir acteur. Moi, c'est de battre l'autre club qui me motive, pis c'est comme ça tant au parc dehors à Louiseville qu'en finale de la Coupe Memorial. Je veux jamais perdre, monsieur. Je sais que ça peut paraître un peu arrogant de dire ça de même, mais quand la *game* commence, je vois même plus la foule.

La réunion avec l'organisation du Canadien devait initialement durer une quinzaine de minutes. Quand Félix quitte la salle, près d'une heure s'est écoulée depuis son entrée.

— Ouais, t'avais raison, Patrick, lance le directeur général à son dépisteur. J'ai rarement vu un jeune aussi allumé à son âge. Je vais te gager le montant que tu voudras que ce *kid*-là va réussir dans n'importe quel domaine, s'il lâche le hockey demain. Riopel est intelligent, intense, passionné par la *game* et baveux comme je les aime.

— J'ai ici les notes que vous m'aviez demandées, intervient une assistante. J'ai scruté son profil Facebook de fond en comble et il n'y a rien de particulier. Il a twitté deux ou trois petites niaiseries l'été passé, mais rien de notable, du genre « Enfin joueur autonome sans compensation » quand il a laissé sa blonde.

— C'est qui le *next*? demande le patron.

— Willy Wagner, répond le recruteur en chef Randy O'Malley. C'est le gros défenseur de Red Deer que Greg aime tant!

— Pauvre gars qui passe après Riopel... Il est mieux d'être bon en maudit pour nous impressionner!

Félix arrive presque en retard à la rencontre avec les Bruins. Il se doute qu'Alain Lafrenière, le dépisteur du Québec, ne le déteste pas. Les dirigeants de Boston ne lui posent aucune question imprévue. C'est un entretien de routine comme la plupart et, pour Félix, le plus difficile s'avère surtout de rester vigilant. On ne laisse qu'une seule première impression... Toutefois, c'est déjà la dixième ou douzième fois qu'il doit répondre aux mêmes questions en expliquant avec enthousiasme que David Perron et Mike Ribeiro sont ses idoles, mais qu'il se compare peut-être plus à Martin St-Louis.

Pendant que Line et Véronique profitent des nombreux charmes de Vancouver, Félix a l'impression de travailler.

> Pis, Stanley Park ?

> On a loué des vélos et fait le tour. Super cool. Mom a du fun je pense ! Là, on va faire les boutiques dans le coin des rues Robson et Granville ! ☺ Et toi ?

> Ça commence à être long. Tjrs les mêmes questions qu'ils posent à tout le monde. J'ai un bon feeling pour Montréal, Philadelphie et Boston. Reste encore Chicago pis Détroit. J'pense que Chicago m'aime aussi. ☺

> Mom fait dire salut et qu'elle t'aime. Me 2. xx ;-)

À force de répondre aux mêmes questions, la nervosité a disparu et tout se déroule exactement comme Champagne l'avait décrit. Le rendez-vous avec les Blackhawks confirme ce qu'il croyait : Chicago paraît drôlement intéressé.

Détroit repousse ensuite l'entrevue d'une heure. Son agent en profite pour changer les plans et les filles viennent les rejoindre chez Joe Fortes, un resto branché du centre-ville. Deux heures plus tard, Félix rencontre la dernière équipe sur sa liste. Les dépisteurs des Red Wings lui parlent plus de hockey que ceux des autres équipes. Ils lui demandent notamment de compléter des phrases comme celle-ci: «Je joue mon meilleur hockey quand…» Les espoirs qu'ils interrogent doivent donner trois réponses à chaque question du genre. Félix répond:

1. *Quand je dérange l'adversaire.*
2. *Quand le match est important.*
3. *Quand je joue beaucoup.*

Après une journée aussi chargée et intellectuellement exigeante, Félix sombre rapidement dans un profond sommeil. Demain aura lieu la première ronde du repêchage, mais en principe ça ne le concerne pas.

14

We are proud to select...

Fatigué d'attendre sa mère et sa sœur qui n'en finissent plus d'accaparer la salle de bain, Félix décide de sortir prendre l'air après le lunch. En descendant dans la rue Thurlow, il aperçoit la baie au loin et décide de marcher tranquillement jusque-là. La brise fraîche qu'amène doucement l'océan Pacifique jumelée à la vue des montagnes de l'autre côté le calme un peu à trois heures de cette journée stressante. Même s'il sait qu'il n'y a aucune chance qu'une équipe le sélectionne aujourd'hui, ce paysage apaisant et enchanteur lui fait le plus grand bien et, en regardant décoller les hydravions, il se plaît à penser que ce serait tout simplement génial d'être repêché par les Canucks.

Pour quiconque assiste à un premier repêchage, le choc est saisissant lorsque l'on arrive dans le Rogers Arena et que l'on découvre l'immense scène, la galerie de presse et les studios de télé aménagés près du parquet où sont situées les tables des trente équipes de la LNH. De sa place, Félix reconnaît au moins une centaine de personnes qu'il pointe à Line et à Véronique. Il y a les dépisteurs du Québec qui l'ont suivi toute la saison, les recruteurs-chefs des clubs, les directeurs généraux, les entraîneurs-chefs, une multitude d'anciens joueurs et plusieurs journalistes connus.

— Ça n'a pas de sens, Félix, de voir toutes ces vedettes ! commente sa mère. J'ai l'impression que tu étais un petit pee-wee pas plus tard que la semaine passée ! Te rends-tu compte, mon homme ? Glen Sather, Mario Lemieux, Geoff Molson, Patrick Roy, Alain Vigneault, Lou Lamoriello, John Tortorella, Scotty Bowman, Bob Hartley, Claude Julien… ils sont tous là ! Je capote !

Aux yeux de Félix, la première ronde s'éternise, alors que pour Line et Véronique, l'après-midi se déroule en un clin d'œil. Conçu pour la télévision, l'événement est entrecoupé de nombreuses pauses publicitaires.

Tout jeune, Félix a imaginé ce moment des centaines de fois. L'état-major d'une équipe monte sur la gigantesque tribune et le directeur général s'approche du micro pour dire : « *We are proud to select, from…*, Félix Riopel. » Maintenant plus réaliste, le numéro 57 sait bien que son nom ne sera pas mentionné au micro aujourd'hui et qu'à compter de la deuxième ronde, les joueurs ne sont plus présentés sur la scène.

Même si Christian Champagne lui répète de ne pas se créer d'attentes inutilement, dans son for intérieur, Félix souhaite ardemment faire partie des cent premiers joueurs appelés.

En cette journée où seulement trente joueurs seront sélectionnés, Félix a atteint son objectif: il n'a pas sali l'unique habit apporté dans ses bagages. Somme toute, la journée ne s'est pas si mal passée. À la fin de cette première ronde, Champagne, qui connaît bien la ville de Vancouver, sort son groupe dans le charmant petit quartier de Yaletown.

— Demain, à la même heure, tu vas pouvoir dire que t'appartiens à un club de la Ligue nationale, lui dit sa sœur en lui donnant amicalement une petite tape sur l'épaule.

— Possiblement, Véronique, intervient Champagne. Je vous l'ai déjà dit, il n'y a rien de sûr avec le repêchage. La preuve: Loiselle n'a pas été repêché aujourd'hui et pourtant, il était classé en première ronde. C'est pour ça qu'il ne faut pas trop se faire d'idées.

Curieusement, c'est à partir de cet instant précis que la nervosité commence à gagner Félix. Et s'il n'était pas choisi?

Félix Riopel@Rippy57

C'est demain que ça se passe. La nuit va être longue ! #Insomnie #DraftNHL #Huskies #PuCapableDattendre

Heureusement pour Félix, le dimanche, la séance de sélection débute beaucoup plus tôt que le samedi. Anxieux comme jamais, il ose à peine s'imaginer comment Loiselle, qui a été ignoré, peut se sentir aujourd'hui. Comme la veille, Félix désire profiter d'un peu de solitude en début de journée. Pendant qu'il refait le même trajet, Line et Véronique se préparent nerveusement, mais il n'y a aucun doute dans leur esprit : d'ici quelques heures, Félix aura été repêché.

Incapable d'avaler quoi que ce soit au petit déjeuner, Félix se contente d'un verre de jus d'orange. Sa mère et sa sœur essaient tant bien que mal de le convaincre qu'il s'inquiète inutilement.

— Parlez-moi plus de repêchage ou de hockey, s'il vous plaît. Je suis assez stressé comme ça, dit-il en soupirant. Vous savez pas comment ça marche. Mom, connais-tu des belles filles gentilles qui sont célibataires ?

— Ben oui, pis plus qu'une ! Quel rapport ?

— Vous comprenez rien, vous deux, à matin! réplique Félix, découragé. Si elles sont *cutes*, intelligentes et encore célibataires, c'est parce qu'y a personne qui est tombé amoureux d'elles. C'est pareil au repêchage, faut qu'un des trente clubs m'aime. Ah pis! je veux plus qu'on en parle.

Étonnamment, sur le parquet, l'ambiance semble beaucoup plus détendue. Les dépisteurs se promènent d'une table à l'autre et bavardent ensemble tandis que des directeurs généraux échangent avec certains de leurs homologues sous le regard attentif des journalistes, toujours prêts à faire des associations qui pourraient logiquement conduire à une éventuelle transaction. De l'extérieur, un néophyte pourrait facilement croire que ce qui se déroule après la première ronde ne revêt plus tellement d'importance pour les équipes. En revanche, dans les gradins, c'est le contraire. Malgré les sourires qu'ils affichent et les poignées de main qu'ils distribuent, les jeunes sont tous aussi stressés les uns que les autres.

Pour sa part, Félix est pris par surprise tellement la deuxième ronde se déroule rapidement. Les noms des joueurs se succèdent si vite qu'après seulement quarante-cinq minutes, voilà que l'on passe déjà au troisième tour. Hypocrite, l'attaquant des Huskies s'est levé pour aller féliciter Loiselle quand les Blue Jackets de Columbus, qui profitaient de deux choix de deuxième ronde, l'ont réclamé au cinquante-deuxième rang.

Tout est possible pour Félix à compter de ce moment, particulièrement lorsque Philadelphie, Montréal, Boston, Chicago ou Détroit auront droit de parole, selon son humble évaluation.

Et Félix ne fait pas tellement fausse route. Comme toujours, son intuition l'a bien servi. Parlant au quatre-vingt-deuxième rang, le Tricolore a effectivement Félix dans sa mire et la direction de l'équipe craint de se le faire ravir par Chicago qui choisira en soixante-dix-neuvième position. Désireux de mettre la main sur l'espoir des Huskies, le directeur général contacte son homologue des Hurricanes de la Caroline pour essayer de conclure une transaction qui lui permettrait de s'avancer en soixante-seizième place. Toutefois, le prix à payer s'avère trop élevé et Montréal préfère ne pas bouger. À la table du Canadien, tout le monde retient son souffle dès qu'une équipe prend la parole pour repêcher un joueur.

Quand arrive le tour des Blackhawks, l'état-major du Bleu-Blanc-Rouge pousse un soupir de soulagement lorsqu'on entend : *« The Chicago Blackhawks are proud to select, from Val-D'Or, Alex Antonnacci. »* Ne reste maintenant que les Blue Jackets et les Panthers avant la sélection de Montréal. Dans les gradins, les poings crispés, retenant son souffle sans même le réaliser, Félix hoche la tête, déçu et de plus en plus angoissé.

Persuadés qu'il sera toujours disponible quand viendra leur tour, à la table du Canadien, tous discutent de Félix avec enthousiasme quand Carey Price reprend sa place avec le groupe. Invité d'honneur pour accueillir les nouveaux espoirs de l'organisation, le gardien originaire de la Colombie-Britannique revient de rencontrer les parents de Bruce Bowen, le joueur repêché en deuxième ronde par Montréal. Il se rend alors compte de ce qui se trame à la table. Après une hésitation, il se lève et décide d'aller raconter ce qu'il a vu de Félix à Randy O'Malley, qui se réjouit d'avance en pensant à sa prochaine prise. En entendant l'histoire de Lac-Simon, le responsable du recrutement perd son sourire et la panique s'installe sur son visage. Columbus a déjà parlé. Il ne reste que la Floride avant Montréal.

O'Malley saisit son patron par le bras et lui explique sommairement la situation. Price a vu Riopel en train de vomir un dimanche matin dans le cadre d'une activité protocolaire sur une réserve amérindienne. Le jeune lui a avoué qu'il ne fallait pas s'en faire, que c'était anodin pour lui. *« Montreal, it's your turn »* résonne dans le Rogers Arena. Troublé, le directeur général fait signe à son recruteur en chef, qui demande un temps d'arrêt.

— *Are you sure it's the same kid, Carey?* demande le patron.

— *Yes. I don't know him personally but I'm telling you, he was still drunk at noon when I saw him that Sunday.*

Désemparé, le directeur général tranche. Malgré son talent indéniable et son impressionnante entrevue, pas question de prendre un risque avec un jeune au comportement douteux comme celui de Félix Riopel. Il s'avance au micro :

— *The Montreal Canadians are proud to select, from Spokane, Junior Rosales*, entend-on retentir faiblement à travers l'amphithéâtre.

Déçu, Félix tourne la tête vers son agent.

— C'est ben Montréal, ça. Un maudit gros bœuf de l'Ouest à la place d'un Québécois talentueux. C'est toujours la même affaire avec le Canadien. *Anyway*, c'est clair que je vais être mieux ailleurs, lâche Félix pour cacher sa frustration.

— Calme-toi, Félix, c'est loin d'être fini, se contente de répondre sa sœur Véronique, sans conviction.

— Les Kings de Los Angeles sont fiers de repêcher, des Huskies de Rouyn-Noranda, Félix Riopel, clame bien fort et en français le dépisteur des Kings au Québec, Martin Dion, alors que Félix se défoule encore sur le dos du Tricolore.

— Ben voyons ! Les Kings !… Ils m'ont même pas passé en entrevue de groupe ! Les Kings… c'est ben *hot!* crie Félix en sautant dans les bras de sa mère et de sa sœur sous le regard attendri de Christian Champagne. Quatre-vingt-troisième au total, c'est fantastique ! J'en reviens pas !

— Allez, descends sur le parquet. Je t'ai expliqué ce qui va se passer. Nous autres, on va aller t'attendre dans la section famille. Essaie de profiter du moment et n'oublie pas que c'est juste le début. T'es encore loin de la Ligue nationale en batinse !

Appuyé contre sa chaise, la cravate dénouée, Patrick Flageol a de la difficulté à comprendre ce qui vient de se passer. Le dépisteur du Canadien s'est évertué à vanter Riopel à ses patrons toute l'année. Il l'a vu jouer à une quinzaine d'occasions, plusieurs fois il a interrogé Richard Caisse, il a aussi contacté son ancien entraîneur au niveau midget, monsieur et madame Casault et son ancien coéquipier Marc-Olivier Laflamme ; tous n'avaient que de bonnes choses à dire sur lui. Pour confirmer son enquête, Riopel a charmé tout le monde en entrevue et voilà qu'aujourd'hui Carey Price vient tout démolir.

Flageol ne dit rien. « Qu'ils finissent le repêchage tout seuls », se dit-il en regardant l'état-major des Kings accueillir la jeune vedette des Huskies avec fierté. Fâché, il se lève d'un trait et agrippe le bras de son directeur général.

— Viens avec moi deux secondes, se contente-t-il de dire.

Les deux hommes font quelques pas ensemble et tombent face à face avec Félix qui porte dignement son chandail et sa casquette des Kings.

— Bravo, Félix, lance Flageol en défiant son patron du regard. La bière va être bonne à soir, mon chum !

— Ah ! ah !... Je pourrais pas dire ! Je bois pas. J'ai essayé une fois dans ma vie quand j'ai eu dix-huit ans et j'ai tellement détesté ça que je recommencerai jamais ! Vous demanderez à Carey Price, il m'a vu le lendemain de ma fête et j'étais vraiment pas beau à voir !

À suivre...

Note aux lecteurs

Les personnages ainsi que les événements que l'on retrouve dans ce roman ne sont que pure fiction. Seuls les noms des joueurs de la LNH sont réels, tout comme celui du commissaire de la LHJMQ, mais leur association à cette œuvre demeure aussi de la fiction. Les ligues de hockey, les villes, les amphithéâtres et la plupart des établissements commerciaux qui sont cités dans ce roman existent réellement. Toute ressemblance avec qui que ce soit s'avère une coïncidence.

Le personnage de Patrick Fréchette a été proposé par Benoît Fréchette de Saint-Zéphirin-de-Courval dans le cadre du concours *Inventez un personnage* qui a eu lieu sur le blogue de la série. Patrick Fréchette sera à nouveau au cœur de l'action dans le quatrième tome qui révélera tous les secrets de ce hockeyeur.

Table des matières

1. Retour aux sources 9
2. Cynthia et sa cousine 29
3. Célibataire et sportif exemplaire 49
4. Une équipe à rebâtir 69
5. De drôles de surprises 85
6. Début de saison laborieux 113
7. Rien ne s'arrange 131
8. Dans la mire de quelques équipes 153
9. Loïc Penosway, la fierté de Lac-Simon 173
10. Une soirée mouvementée et arrosée 185
11. Carey Price débarque en Abitibi 205
12. De l'espoir pour finir la saison 215
13. En route vers Vancouver 233
14. *We are proud to select…* 247

Note aux lecteurs 257

DU MÊME AUTEUR

La LNH, un rêve possible – Tome 1 : Les premiers pas de huit hockeyeurs professionnels québécois, Montréal, Hurtubise, 2008.

La LNH, un rêve possible – Tome 2 : Rêves d'ici et d'ailleurs, Hurtubise, 2011.

C'est la faute à... – Tome 1 : C'est la faute à Ovechkin, Hurtubise, 2012.

C'est la faute à... – Tome 2 : C'est la faute à Mario Lemieux, Hurtubise, 2013.

Suivez-nous

GARANT DES FORÊTS
INTACTES

Réimprimé en octobre 2015
sur les presses de Marquis-Gagné
Louiseville, Québec